ÍNDICE

I.
CONTEXTO HISTÓRICO Y FILOSÓFICO

1 BIOGRAFÍA

De todos los niños nacidos en la pequeña ciudad de Röcken (Alemania) el 15 de octubre de 1844, el más ilustre fue, sin duda, el bautizado con el nombre de Friedrich Wilhelm Nietzsche. Criado en un ambiente de estricta moral religiosa (sus dos abuelos eran pastores protestantes y su padre el párroco de la localidad), pasó su infancia y adolescencia protegido por un nutrido grupo de mujeres: madre, hermana (dos años menor que él), abuela y dos tías (su padre falleció a los 36 años, cuando Nietzsche celebraba su quinto cumpleaños; su hermano pequeño cuando celebraba el sexto).

Muy pronto le acompañó una frágil salud que le obligó a disciplinar su carácter apasionado. Desde los doce años empieza a padecer problemas estomacales e insomnio. Nueve años después sufre reumatismo producto de una meningitis infecciosa y comienza a ser tratado contra la sífilis (se dice que la infección es de febrero de 1865). Fuertes migrañas, vómitos y dolores en los ojos ya no le abandonarán.

De carácter introvertido, melancólico y solitario, fue un brillante estudiante (tanto en el exigente bachillerato de la escuela de Pforta, como en sus estudios de filología) que, como él mismo confiesa, siempre se compenetró mejor con sus profesores que con sus compañeros. Aun así, participó activamente en la vida estudiantil: fundó la unión musical *Germania* y formó parte de la sociedad estudiantil *Franconia*, significada por una vida excéntrica y licenciosa; de ella le quedará una cicatriz en la nariz producto de un duelo juvenil.

Nietzsche y su madre Franziska.
Naumburg 1892

Mente privilegiada, a la edad de 24 años es nombrado catedrático de filología clásica en la Universidad de Basilea (sin ser ni siquiera doctor, sólo por sus trabajos ya publicados). El mundo de la cultura, al que pertenecen la mayoría de sus amistades, la música, su gran pasión, y la vocación intelectual llenan su vida.

Su salud le obliga a abandonar la universidad en 1879 y le convierte en un viajero errante. Busca en cada estación el clima más favorable a su quebradiza salud entre los paisajes de la Europa Central: Alemania, Suiza y norte de Italia.

Su vida sentimental fue un fracaso. Dos veces se declara en matrimonio y las dos es rechazado. Su enfermedad reduce cada vez más su círculo de amistades y le obliga a vivir aislado como un monje. Atrás quedan sus intentos de crear pequeñas comunidades de espíritus libres.

"(...) preferiría ser un sátiro antes que un santo." (*Ecce Homo*) dejó escrito, pero su cuerpo vidrioso no se lo permitió y lo convirtió en un santo sin Dios: se levanta al escuchar el gallo y trabaja con las puertas cerradas para no ser molestado. A las 11 paseo y después comida (mesurada, sin grasa ni vino ni licores). Hacia las 5 de la tarde encierro de nuevo en la pensión (Nietzsche nunca tuvo casa propia) para escribir hasta las 11 de la noche. Dedica el tiempo que su salud le permite a pasear ensimismado y absorto en largas meditaciones (cinco o seis horas diarias), mientras va anotando en pequeñas libretas sus pensamientos, para seleccionar más tarde, de todo lo escrito, aquello que le parece afortunado.

En enero de 1889, en una plaza de Turín, junto a un caballo caído que es duramente golpeado por su amo y reclamando a gritos piedad para la bestia, le llega el ataque definitivo que le conducirá a una locura que le acompañará el resto de su vida.

Aunque su filosofía parezca irreverente, desconsiderada, despiadada, con muchas dosis de arrogancia, los que lo conocieron hablan de él como una persona bondadosa, amable, con sentido del humor, hipersensible (lo que le hacía en exceso susceptible), delicada y elegante en el trato. Si algo había que temer no era su personalidad, sino sus ideas.

2 CONTEXTO HISTÓRICO

- **La Gran Alemania**. La vida de Nietzsche va unida al nacimiento del imperio alemán. Prusia va anexionando territorios en su intento de crear la Gran Alemania. La guerra franco-prusiana de 1870 (Nietzsche participa en ella como enfermero) finaliza con la paz de Fráncfort y el imperio alemán amplia sus límites geográficos a Alsacia y parte de Lorena. El triunfo, comandado por el canciller Bismarck, significa la supremacía alemana en Europa.

- **La revolución industrial**. La revolución industrial alemana (mucho más tardía que la inglesa) hace que crezca la población urbana y que el trabajo industrial gane terreno al agrícola. Surgen empresas electrónicas como Siemens o AEG; o químicas como BASF y Bayer-Leverkussen; aumenta la producción de hierro y acero y se produce por primera vez celofán y baquelita. La unión de los bancos con la industria y el apoyo del Estado en la creación de infraestructuras permitirán el éxito de estos cambios.
- **Los movimientos de lucha obrera**. La revolución industrial genera una clase obrera empobrecida. Los obreros toman conciencia y se organizan en movimientos y sindicatos para salir de su estado de miseria y explotación. En 1866 se funda la Iª Internacional Socialista y el 18 de marzo de 1871 se produce la revuelta proletaria de la Comuna de París, primer intento de cambiar la estructura económica del capitalismo. El experimento fue reprimido, abolido dos meses más tarde y sus instigadores condenados. Nietzsche convivió con el auge de estos movimientos, pero no mostró ningún aprecio por ellos. La lucha socialista por la igualdad de los seres humanos no le hizo sentir más que repugnancia. Para él las rebeliones populares eran el fruto de una política educativa equivocada que había extendido la instrucción a las clases populares generando, así, mayores necesidades: "*Si se quiere esclavos, se es un necio si se los educa para señores*" (*Crepúsculo de los ídolos*, "Incursiones de un intempestivo", aforismo 40).
- **El colonialismo**. Europa se reparte África sin pedir permiso a los africanos. La idea de Schiller y Hegel de que Occidente es la locomotora de una misma historia universal y que, por lo tanto, a los pueblos africanos les conviene ser vagones (esclavos) de esa locomotora, es la coartada que permite apropiarse de un continente que ya tenía dueño. En 1884 se produce una conferencia colonialista en Berlín para repartirse África (aunque las ocupaciones ya habían comenzado: en 1882 Inglaterra ocupa Egipto y Sudán, y en 1883 Francia ocupa Madagascar).

3 CONTEXTO FILOSÓFICO

3.1 El siglo XIX: la desconfianza en la razón humana

La cultura occidental, nacida en Grecia con el paso del mito al *logos*, había confiado desde sus inicios en las posibilidades de la razón para alcanzar los logros que se proponía: el acceso a la verdad, al conocimiento de la realidad y el advenimiento de una sociedad justa de seres virtuosos. La razón parecía poder dar un sentido unitario a la vida humana. Pues bien, al final del siglo XIX la confianza en la razón se resquebraja. El depósito que abastecía de sentido a Occidente revienta por muchos flancos y empieza a chorrear. El pesimismo sobre las posibilidades de la razón para construir mejores mundos brota de dos fuentes:

- **La razón produce monstruos**. Todos los intentos por aplicar la razón a la realidad han finalizado degenerando en tragedias para la humanidad. La razón se autodestruye. El ejemplo más próximo a nuestro autor es el de la Revolución Francesa que convirtió la promesa de libertad, igualdad y fraternidad en una masa obrera empobrecida, embrutecida, obligada a convivir en la miseria y el desarraigo más absoluto.
- **La razón no es un órgano autónomo del ser humano**. Acciones y pensamientos humanos responden a motivos no racionales: deseos primarios, intereses particulares o de clase, estructuras mentales inconscientes... La razón está ligada a un cuerpo biológico, se desarrolla en una geografía, en un tiempo determinado y en estructuras económicas, sociales y lingüísticas diferentes. Todas estas circunstancias hacen que el ser humano no pueda escapar ni de la biología ni de la sociedad en la que se encuentra.

3.2 Las voces de la sospecha

Que en la atmósfera de la época se respiraba un aire contrario a la omnipotencia humana lo deja claro el hecho de que campos tan distintos como la biología, la economía, la psicología o la moral elaboraran teorías que confluyen en un mismo respirar: las miserias de la razón humana. Veamos los principales dardos lanzados contra la Razón:

- **Darwin**: el ser humano no es ninguna criatura especial. No ha sido creado por Dios a su imagen y semejanza. Tiene poco de divino y mucho de animal. Es sólo un eslabón más de la cadena evolutiva y su semejanza con el chimpancé alcanza valores del 99%. ¿Por qué exigirle que piense y se comporte de forma distinta a sus antepasados?
- **Marx:** la libertad defendida por la Revolución Francesa es pura ideología; es decir, se hacen pasar intereses particulares como si conviniesen a todos. El libre contrato laboral entre iguales que permitiría sacar al género humano de su esclavitud, se resuelve en la práctica en un pacto desigual donde una de las partes —el empresario burgués— pone todas las condiciones, y al proletariado le queda la decisión de morirse de hambre o aceptar esas condiciones. Además, por si fuera poco, no es el sujeto consciente el que empuja la historia hacia lugares donde habitar mejor; son razones económicas, que funcionan al margen del pensar humano, las que nos llevarán a la tierra comunista prometida (esta idea se conoce con el nombre de materialismo histórico).

Las ideas de la razón sólo son una superestructura que sirve para justificar una infraestructura económica que únicamente conviene a los que tienen el capital. Poco margen de maniobra y de libertad para una humanidad sujeta al determinismo de las leyes económicas.

- **Freud**: demasiado optimismo el de Descartes: por debajo del *cogito ergo sum* existe un mundo subterráneo de sapos y culebras que mueve nuestro actuar a su antojo. Tras la consciencia —mera máscara— se sitúan el subconsciente y el inconsciente, toda una dimensión desconocida, un magma ignorado en constante ebullición, dos mundos llenos de deseos y represiones que son los que nos hacen actuar. La líbido o los instintos de Eros y Tánatos (vida y muerte) son los causantes de nuestras acciones, no la razón. Tan desconocido es este mundo que, a partir de ahora, será función de la psicología (del psicoanálisis para Freud) y no de la filosofía entender el obrar humano.
- **Nietzsche**: la desconfianza en el ser humano racional alcanza con él su cumbre. Si el darwinismo todavía nos permitía pensar que la escasa diferencia entre los primates superiores y nosotros era suficiente para traspasar el umbral de lo animal y considerarnos como una especie elegida; si el marxismo todavía nos permitía recuperar la fe en el hombre mediante un proceso revolucionario de lucha de clases, a partir del cual podríamos acceder a un modelo de producción de trabajadores realmente libres, con medios de producción comunes y sin diferencias de clase; si el psicoanálisis todavía dejaba margen a la razón y a la consciencia, aunque sólo fuera la punta del iceberg; con Nietzsche la derrota de la razón es absoluta: lo que pone en cuestión es la validez de la propia razón. El paso del mito al *logos* nunca fue tal paso, y mucho menos el gran salto hacia delante de la sociedad. Fue un paso de un mito a otro mito, de un saber narrativo a otro saber narrativo. La única diferencia estriba en que los creadores del nuevo mito se convirtieron a la vez en sus guardianes y policías (filósofos, sacerdotes...) y se encargaron de reprimir a aquellos que no aceptaron el nuevo mito. Con el paso de los tiempos el mito se presenta a ojos de casi todos como la verdad universal. Nietzsche pone al descubierto la esquizofrenia de Occidente que le ha hecho creer en la paranoia de la Verdad y la Razón.

LOS MAESTROS DE LA SOSPECHA

	Darwin	**Marx**	**Freud**	**Nietzsche**
Sospecha	Lo humano	Ideología	La consciencia	La Razón
Esconde	Animalidad	Intereses de clase	Subconsciente	La sinrazón
Herramientas de trabajo	Teoría de la evolución	Materialismo histórico	Psicoanálisis	Genealogía

3.3 El fracaso del proyecto ilustrado. El romanticismo

La Ilustración (siglo XVIII) es, en palabras de Kant, la salida del ser humano de su minoría de edad, éste se hace adulto y autónomo. Ya no hay vasallos ni esclavos: los humanos, liberados del sucio trabajo gracias al progreso técnico de la revolución industrial, sabrán cultivarse y aceptarán los valores cívicos que emanan de la razón. Convertidos en ciudadanos, con unos derechos inalienables que todos sabrán respetar, el futuro que se avecina es una sociedad cosmopolita de hombres autolegisladores y solidarios, conscientes de sus deberes morales. El futuro: sociedades justas y paz perpetua entre las naciones. Sin embargo, **el progreso técnico no dio lugar al progreso moral supuesto**. La implicación resultaba falsa, pues dado el antecedente —la tecnología avanzaba que era una barbaridad— no se da el consecuente; es decir, no es verdad que los seres humanos sean más libres y solidarios y las sociedades más justas. Las masas proletarias amontonadas en almacenes insalubres, trabajando en jornadas de 15 horas y a merced del capricho del empresario, son el contrafáctico real para dejar de pensar en sociedades perfectas. ¿Qué razón universal es esta que deviene libre a base de esclavizar a los individuos? ¿O quizá tenía razón Marx y todo este montaje de la libertad, la igualdad y la fraternidad no era sino la tapadera perfecta para conseguir que las masas pobres se unieran a una lucha revolucionaria que sólo beneficiaba a la floreciente burguesía? Los hombres se hicieron técnicamente más racionales, controlaron mejor cuáles eran los mejores medios para conseguir los fines deseados, pero poco más. Puede que el agricultor ganara más y trabajara menos con las nuevas herramientas, puede incluso que aprendiera a leer, pintar o tocar la gaita, incluso que pudiera convertirse en un erudito de café; pero el resto de humanidad (quizá salvando sus familiares) no le importaba mucho más que antes. Esto es lo que en nuestro siglo, filósofos como Horkheimer y Adorno llamaron la *dialéctica de la Ilustración*.

Roto el puente entre progreso técnico y moral, la Ilustración pierde su inocencia. Este fracaso lleva a **dos reacciones** contrarias: por un lado, "a lo hecho, pecho". Fracasada en su primer intento, recuperamos la idea, la transformamos, eliminamos los errores cometidos y devolvemos al proyecto su posibilidad. La historia se vuelve a cargar de futuro. El paraíso lleno de justicia e igualdad está a nuestro alcance, aunque ahora se le llame comunista. Esta será la respuesta del **marxismo,** muy alejada de la propuesta nietzscheana. Por otro lado, añoranza y nostalgia. Aquello de que "cualquier tiempo pasado fue mejor". Se idealiza lo vivido, se eliminan sus miserias y se construye una realidad pasada que seguramente nunca existió, pero que sirve de refugio para navegantes cansados de bogar. Esta será la respuesta del **romanticismo** que sí influirá en Nietzsche.

El **Romanticismo** es el movimiento capital en las esferas culturales del siglo XIX. Frente a una razón universal, con obligaciones para todos los ciudadanos, defiende la creatividad del individuo. Frente a la razón como justificación del actuar, defiende el deseo y la pasión. Frente a la afirmación ilustrada de que todos los hombres son libres e iguales, sentencia que cada hombre es libre.

Nietzsche recogerá algunas de estas propuestas: la defensa del individuo y de la creatividad, la idea de genio (reconvertida en superhombre) y la idea de jerarquía espiritual humana: hay hombres imprescindibles que generan sentido de vida y fotocopias humanas que no aportan nada al mundo. Pero rechaza parte del pensamiento romántico. Mientras el Romanticismo no proponía ninguna alternativa a la decadencia de la sociedad, se limitaba a mirar hacia atrás con nostalgia y ver en otros tiempos (Edad Media, vida campesina simple) y otras geografías (tierras exóticas) lo perdido, Nietzsche considera este proceder como uno más de los narcóticos humanos para sobrevivir a la dureza de la realidad, un mundo regresivo inútilmente añorado, fruto de una decadencia senil. La muerte de Occidente no significa que los seres superiores hayan de sucumbir con ella. Es posible engendrar algo nuevo, un espécimen del futuro que pueda librarse del ideal existente hasta hoy. Ese nuevo individuo configurará la aportación positiva del pensamiento nietzscheano (como veremos posteriormente).

ILUSTRACIÓN	Progreso técnico = Progreso moral { Libertad / Igualdad / Fraternidad } Triunfo de la Razón humana. Sociedad perfecta.
↓	
FRACASO de la ILUSTRACIÓN	Progreso técnico ≠ Progreso moral → Pobreza obrera { No libertad / No igualdad / No solidaridad
↓	
RESPUESTAS A LA CRISIS DE LA MODERNIDAD	Marxismo → Confianza de nuevo en el futuro Romanticismo → Mirada nostálgica hacia el pasado Nietzsche → Sálvese quien pueda (aquel que tenga poder para hacerlo)

3.4 El pesimismo ante la vida: Schopenhauer y su influencia en Nietzsche

La crisis de confianza en los proyectos de la razón humana por mejorar el mundo tiene su guinda en la filosofía de Schopenhauer (autor que más influirá en Nietzsche). Para él cada ser individual es manifestación de una única **voluntad de vivir:** un impulso ciego, una especie de fuerza cósmica que se esfuerza por afirmar su propia existencia a expensas

Arthur Schopenhauer (1788-1860).

de los demás seres. Por eso el mundo, incluido el humano, es un cúmulo de crueldades y codicias, lleno de egoísmo. En el ser humano el acto sexual y la reproducción evidencian esa voluntad de vivir. La sexualidad esclaviza al individuo a la especie, su única finalidad es reproducir su ciego ciclo de dolor hasta el infinito. La negación de la voluntad pasa entonces por el aquietamiento de dicho deseo hasta su literal aniquilación. El postulado de la castidad se constituye así, lógicamente, como la culminación de su sistema filosófico.

Schopenhauer sólo ve una solución que recuerda mucho al nirvana oriental: **hay que negar la vida** y convertirnos en seres sin deseo. Hay que renunciar a todo aquello que nos hace vivir, a todas aquellas pulsiones que nos reafirman en la vida (sexo, deseos, avaricias, envidias...). Para ello sólo hay dos caminos, pues el suicidio no sería más que una manifestación de la voluntad de vivir ante la incapacidad de soportar el dolor o el mal que le acosa:

- **La experiencia estética**. La contemplación de la belleza permite alejar de nuestras vidas todo aquello que es voluntad de vivir. Embelesados como quedamos ante una obra de teatro, escuchando música clásica o contemplando sin peligro una tormenta en alta mar, nos descargamos por un instante de las miserias humanas. Lo malo es que sólo dura mientras dura la contemplación, o sea, un suspiro. Es un breve paréntesis que, sobrepasado, vuelve a accionar nuestros instintos primarios.
- **La santidad o el ascetismo**. Esta es la única solución duradera: renuncia a la voluntad de vivir, renuncia a autoafirmarnos, renuncia a nosotros mismos. Castidad, pobreza, compasión, mortificación... con todo ello no nos matamos corporalmente, pero, como el santo, existimos en el tiempo sin existir en el mundo.

Nietzsche le dará la vuelta a Schopenhauer. La voluntad de vivir, convertida en voluntad de poder, exige autoafirmarse sean cuales sean las circunstancias. Schopenhauer crea el concepto de *voluntad de vivir* para reivindicar su anulación práctica. Nietzsche lo recoge y lo reconvierte en *voluntad de poder* para reivindicar su realización práctica.

II. LA FILOSOFÍA DE NIETZSCHE

1 CÓMO SE FILOSOFA A MARTILLAZOS

1.1 Un nuevo estilo para una nueva filosofía

"Cómo se filosofa a martillazos", el subtítulo que Nietzsche añade a *Crepúsculo de los ídolos*, es toda una declaración de intenciones sobre una original forma de hacer filosofía. La nueva filosofía necesita un nuevo estilo, una nueva manera de decir, para poder romper con lo que hasta ahora ha sido el común denominador de la tradición filosófica. El dardo, la flecha certera, la dinamita o el martillo son las expresiones con que nuestro autor manifiesta esta nueva forma de decir. La idea de verdad no se puede eliminar con un lenguaje que pretenda afirmar otra verdad diferente; seguimos teniendo una verdad. La lógica no se puede eliminar utilizando reglas lógicas, pues sería reconocer la validez de las reglas lógicas. La razón no se puede criticar utilizando argumentos deductivos, pues al utilizarlos estaríamos afirmando nuestra fe en la razón. La moral no se puede eliminar sustituyendo un bien por otro, pues con ello cambiamos de moral pero no la destruimos. No se puede alimentar aquello que se quiere eliminar, no se puede apagar el fuego cubriendo la llama con maderos. Por tanto, será necesario otra forma de proceder y esta es la del martillo que, con un golpe seco y duro, rompe y destruye aquello que golpea.

Desde el estilo mismo, Nietzsche hace una crítica general a todos los principios que han servido en la tradición filosófica y cristiana como base para comprender el mundo en general. No filosofa engarzando los argumentos como eslabones de una misma cadena, sino que lo hace a golpes, rompiendo o transgrediendo el lenguaje, para no entrar en el dominio de la razón, del discurso, de los conceptos. **Su obra es fundamentalmente no-conceptual**, pretende transportar al lector a un estado mental que no necesita pruebas ni demostraciones, sólo intuiciones; y con ellas va destruyendo y construyendo.

1.2 Características del nuevo estilo

El estilo de la maza ha de parecerse a la música, a la danza, a la canción. Lenguajes más sugerentes, más abiertos, que le hablan a la epidermis; ni fundamentan ni justifican, pero expresan algo del enigma de la vida (por eso nos gustan y nos hacen vibrar, aunque no nos aporten conocimiento en el sentido usual de la palabra). Para experimentar otro mundo no nos vale la prosa común gastada en los libros eruditos y académicos al uso. Las mismas reglas gramaticales determinan ya las concepciones vigentes del mundo humano. Hay que **renunciar a la lógica gramatical** (como veremos su sintaxis presupone la existencia de sustancias eternas e inmóviles), desmontar el lenguaje, hacerlo bailar. Hay que rastrear nuevas fórmulas de expresión más audaces, irónicas, desafiantes, separando conceptos que parecían idénticos y uniendo aquellos que parecían irreconciliables. El resultado ha de ser el reflejo de un pensamiento original, vivo, y un lenguaje **más connotativo que denotativo**, capaz de sugerir otro significado distinto al suyo propio. Para conseguirlo Nietzsche utiliza toda una serie de recursos estilísticos que detallamos en la tabla siguiente:

UTENSILIOS PARA FILOSOFAR A MARTILLAZOS

- **Aforismos**: Proposición concisa, completa e ingeniosa que enuncia una sentencia filosófica sin argumentarla. *"Es mi ambición decir en diez frases lo que todos los demás dicen en un libro, - lo que todos los demás no dicen en un libro..." (Crepúsculo de los ídolos,* "Incursiones de un intempestivo", §51).
- **Metáforas**: Imágenes insospechadas que desafían el proceso lógico.
- **Analogías**: Relaciones de similitud, de comparación, que permiten el acercamiento indirecto a una presencia inacabable. Por ejemplo decir que se filosofa a martillazos.
- **Contradicciones**: Afirmar algo y su contrario a la vez. Para Nietzsche expresar una contradicción no es un error lógico, sino una manifestación de la vida misma que no sabe separar la negación de la afirmación, que *"(...) en todos sus instintos tiene tanto el sí como el no" (Fragmentos Póstumos* IV, 15 [113]). Lo que para un filósofo al uso sería una incoherencia lógica que haría inservible su teoría, para él es sólo un proceder artístico para expresar la totalidad de perspectivas, incluso las contradictorias.
- **Ironía**: Decir lo contrario de lo que se piensa, pero con tanto humor que delata nuestras verdaderas intenciones. Nietzsche escribe para lectores inteligentes.

- **Fábulas**: Narraciones normalmente breves, semejantes a los mitos, que cuentan sin explicar. Son analogías más extensas. Su obra *Así habló Zaratustra* es toda una gran fábula.
- **Lenguaje emotivo**: Lenguaje más expresivo que descriptivo. Enraizado en lo poético. Abundan los signos de entonación, las afirmaciones en primera persona y las expresiones subjetivas del autor (por ejemplo loas o mofas desmesuradas al referirse a otros autores. Basta ver los calificativos que recibe Sócrates en el primer capítulo de la obra a comentar). A sabiendas se elimina cualquier pretensión de objetividad y neutralidad. Una manera de defender la propia perspectiva de interpretación.

Es un estilo cercano a lo poético, con una ambigüedad polisémica (muchas interpretaciones posibles) que resquebraja la lengua y produce justo el efecto que se pretende. De ahí que las metáforas y los aforismos tengan en muchas ocasiones un carácter paradójico e irónico que hace necesaria una lectura más profunda —y un horizonte interpretativo más abierto— que la que nos ofrece el sentido literal: *"Si un aforismo está bien expresado y condensado, leerlo no equivale a "descifrarlo". Por el contrario es entonces cuando ha de iniciarse su interpretación, para la cual se necesita un* arte *de la misma... para leer con ese arte se requiere ante todo algo... para lo que se ha de ser casi una vaca y no ser, en ningún caso, un «hombre moderno»: ese algo es rumiar"* (*Genealogía de la moral*. Prólogo).

1.3 Consecuencias del nuevo estilo

En la lectura de Nietzsche no vamos a encontrar un sistema unitario de argumentaciones racionales y deducciones lógicas propuesto para convencernos de la verdad de lo dicho. Su obra, mucho más cuidada estéticamente, es siempre fragmentaria, llena de arrebatos geniales, producto de noches de insomnio o de paseos solitarios. **Su lectura es siempre mucho más libre**, el lector se ve obligado a crear una propia interpretación con el desasosiego de no saber nunca si se trata de una interpretación correcta. Todos los grandes conceptos de Nietzsche —*Superhombre, Eterno Retorno, Muerte de Dios...*— son en sí mismos metáforas abiertas que cada intérprete trata de cerrar, para dar una visión sistemática del pensamiento del autor. Pero, en tanto que metáforas abiertas, se escapan una y otra vez a la pretensión de una objetividad perfecta. Conceptos como *ataraxia* en Epicuro, *categoría* en Kant o *cogito* en Descartes, no producen esta desazón, ya que al estar justificados mediante argumentación lógica, se fijan sus límites interpretativos (a no ser que se quiera, en interpretaciones actuales, ir más allá de lo que el propio autor quiso decir): uno puede estar de acuerdo o no en la argumentación, ver errores lógicos en el desarrollo de la misma, encontrar insuficiencias, prejuicios históricos, pero se sabe que se está hablando de lo mismo. Esta sensación no se tiene cuando los intérpretes de Nietzsche hablan, por ejemplo, del Eterno Retorno.

Tampoco tiene sentido una lectura analítica de sus textos buscando su coherencia lógica. Esto nos llevaría a otro problema diferente: descubriríamos con suma facilidad un desolado caos de las más arbitrarias afirmaciones, tajantemente contradictorias las unas con las otras. Seguramente pasaríamos a considerarlo como un filósofo chapucero. Pero, ¿cómo un filósofo chapucero ha tenido tal importancia en la historia de la filosofía? Algo falla en este tipo de lectura para sacar provecho del pensamiento nietzscheano.

Nos encontremos ante un autor del que siempre se pueden hacer **interpretaciones diversas** y donde cada intérprete intentará descubrir en su obra aquellos aspectos que sean más cercanos a su propio pensamiento. Riesgo que ya reconoció el propio Nietzsche: *"Los peores lectores son los que proceden como soldados entregados al pillaje: se llevan algo que pueden haber menester, ensucian y revuelven lo demás, y reniegan de todo." (Humano, demasiado humano,* II, § 137). Escogiendo los textos precisos y olvidándonos de otros, nos puede aparecer un Nietzsche más cercano a la Ilustración y defensor de la liberación del ser humano de toda esclavitud; un Nietzsche antidemocrático defensor del viejo orden aristocrático; un discípulo de Aristóteles; un Nietzsche postmoderno o un crítico de la postmodernidad. Comparemos, si no, la opinión que tienen dos autores marxistas al respecto: *"Toda la obra de Nietzsche es una polémica constante contra el marxismo"* (Lukács, *El asalto a la razón*). *"Por eso es un absurdo escribir Nietzsche contra Marx"* (Lefebvre, *Nietzsche*). Aunque en el caso de Nietzsche la pluralidad interpretativa sea muy amplia, tampoco es infinita: por mucho que queramos, su texto no permite afirmar que fuera un devoto cristiano.

Después de lo dicho, sería más coherente dejar de escribir, que cada cual se las tuviera con el propio texto y que gozara sin prejuicios de las brillantes intuiciones del autor. A pesar de que es ir contra el espíritu mismo de Nietzsche, intentaremos delimitar sus ideas y ofrecer una visión lo más ordenada posible de su pensamiento, como esperan los lectores.

1.4 La utilización nazi de la filosofía de Nietzsche

De todas las lecturas de Nietzsche, la que le presenta como antecesor ideológico del nazismo le ha acompañado durante mucho tiempo, pero creemos que hay razones más que suficientes para desecharla.

El origen de la misma es claramente malintencionado. Se trata de una manipulación consciente, de mala fe, hecha por su hermana Elisabeth. Ésta, influenciada por su marido, un antisemita convencido, hizo todo lo posible para que se leyera a Nietzsche en esta clave: una vez muerto el filósofo, corrigió párrafos, cambió textos y no permitió la publicación de otros. Incluso recibió al mismo Hitler, cuando este visitó la casa de Weimar donde había vivido el filósofo tras la muerte de su madre.

Weimar, Archivo-Nietzsche.

Visita de Hitler al Archivo-Nietzsche. 1934.

Es verdad que los soldados nazis llevaban frases seleccionadas del autor y aparece citado en algunos discursos nazis; pero también las llevaban los partisanos que luchaban contra el fascismo o grafiteaban sus frases los estudiantes de izquierdas en las revueltas de 1968.

Es verdad, y así lo veremos en nuestro texto, que Nietzsche utiliza expresiones como *raza, bestia rubia, lo ario...* que, si interesa, pueden casar con la teoría de la primacía de la raza aria del nacional-socialismo. Pero, como veremos en la guía de lectura, hay más interpretaciones posibles de estas metáforas.

Es verdad que Nietzsche no era un demócrata ni un liberal; para él la democracia significaba la no creencia en hombres superiores, la igualdad de los ceros. Sus instituciones liberales nos vuelven cobardes, mediocres y gregarios, por lo que su pensamiento político no concordaría con aquello que hoy consideramos políticamente correcto. Incluso, aunque el autor no lo proclame con claridad, sería posible interpretar que algún tipo de absolutismo carismático, basado en una jerarquía natural exigida y asumida por la misma plebe, no entraría en contradicción con algunos fragmentos. El elitismo y la aristocracia espiritual son pilares sólidos de su teoría, pero **ligarlo con el nacional-socialismo sería incorrecto**. Él mismo se alejó de su hermana cuando ésta decidió compartir su vida con semejante marido.

Puntos centrales de su teoría no encajan con el puzzle nazi. Así, los espíritus grandes *"(...) son escépticos (...) Las convicciones son prisiones"* (*El Anticristo* §54). No tratan de sugestionar a las masas con su fanatismo patológico y se alejan del bullicio social: *"Lleno de bufones solemnes está el mercado"* (*Así habló Zaratustra*. "De las moscas del mercado"). Son solitarios, creadores, amantes de la diferencia e incompatibles con un movimiento de masas.

Nietzsche no era un defensor del Estado fuerte, que necesitaba el nazismo, ni del control de los individuos por parte del Estado: *"Allí donde el Estado acaba comienza el hombre que no es superfluo" (Así habló Zaratustra*. "Del nuevo ídolo").

Critica con dureza la idea del patriotismo sobre la que se asentaba gran parte de la ideología nazi y considera su defensa como una virtud del rebaño, de la chusma, de palurdos. Se refiere a sí mismo como *"Nosotros, los apátridas" (La Gaya Ciencia*, §377). ¿Podría un nazi afirmar: *"Cada vez me parece que no somos tan superficiales y mansos como para colaborar con ese patrioterismo de* Junker *brandeburgués y entonar su embrutecedora consigna rebosante de odio «Alemania, Alemania por encima de todo»", (Fragmentos póstumos*, IV, 1 [195])?

Por último, y en referencia al antisemitismo (odio a los judíos), icono tan característico de los nazis, hay muchos textos que dejan clara su postura radicalmente contraria, empezando por la definición misma del concepto: "Definición del antisemita: *envidia*, ressentiment, *rabia impotente... la manera perfecta y moralista de auto-engañarse" (Fragmentos póstumos*, IV 21 [7]). Los adjetivos peyorativos (*malparados, estúpidos...)* se suceden en los aforismos en que trata el tema: *"(...) pequeños ataques de estupidizamiento: por ejemplo, entre los alemanes de hoy, unas veces la estupidez antifrancesa, otras la antijudía, otras la antipolaca (...)"* (*Más allá del bien y del mal*, §251). Ante una carta de un nazi que pretendía ganarlo para su causa escribe: *"Últimamente me ha escrito un cierto señor Theodor Fritsch, de Leipzig. No hay en Alemania una banda más desvergonzada y estúpida que estos antisemitas. En agradecimiento le he enviado por carta un conveniente puntapié. ¡Esa chusma se atreve a llevar a la boca el nombre de Zaratustra! ¡Náusea! ¡Náusea! ¡Náusea!" (Fragmentos póstumos*, IV 7 [67]).

Es en sus fragmentos póstumos —justamente aquellos que su hermana decidió no publicar— donde aparecen más consideraciones favorables hacia los judíos: *"Entre 1876 y 1886, casi todos mis momentos agradables los debo al azar del trato con judíos o judías" (Fragmentos póstumos*, IV 24 [1]); e incluso un texto especialmente clarividente, donde el autor parece que profetiza el futuro de una juventud alemana atrapada en la trampa del nazismo. En él llega a acusar a los alemanes antisemitas de que, tras su odio a los judíos, se esconde una estrategia económica de usurpación del capital judío: *"No saben darle un sentido a su vida y acaban cayendo en las manos de un partido que tiene un sentido, los antisemitas por ejemplo, cuya meta es palmaria hasta la indecencia: el dinero judío" (Fragmentos póstumos,* IV, 21 [7]).

No vemos a Hitler ni a cualquiera de sus seguidores gritar desde un balcón a una masa amorfa y autómata: *"¡Ah qué beneficio es un judío entre ganado alemán con cuernos!"* (*Fragmentos póstumos,* IV, 21 [6]).

2 *CREPÚSCULO DE LOS ÍDOLOS* EN LA OBRA DE NIETZSCHE

En junio de 1888, huyendo del verano cálido de Turín, Nietzsche se refugia (como solía hacer) en Sils Maria (norte de Italia), donde, con un tiempo frío y lluvioso escribe *Crepúsculo de los ídolos*. La obra será publicada en enero de 1889, justo el mes del ataque que le arrastra a la locura. Se trata, pues, de una obra de su última época. Nietzsche ya no coquetea con los ideales románticos como en sus primeras obras y se aleja de su etapa más ilustrada, representada por las obras escritas entre 1877 y 1882 (*La Gaya ciencia, Aurora, Humano, demasiado humano...*). Su narrar ya no es tan alegre. Conceptos como eterno retorno o voluntad de poder adquieren mayor importancia, al tiempo que las críticas a la religión, la moral, la razón y la verdad acaban perfilando sus contornos.

El año 1888 será para Nietzsche el último de lucidez creativa antes de caer en la demencia. Será también su año más fructífero en obras escritas: *Ecce homo, Nietzsche contra Wagner*, *El Anticristo* y *Crepúsculo de los ídolos*. Desde otoño de 1887 Nietzsche estaba trabajando en un proyecto que pretendía ser su gran obra definitiva y que llevaría por título *La voluntad de poder*. Por razones no aclaradas, desistió del proyecto (la obra que se publicó tras su muerte con tal título es una recopilación ordenada y seleccionada por su hermana que no responde al primitivo proyecto del autor), pero utilizó parte de los materiales elaborados para redactar tanto *El Anticristo* como *Crepúsculo de los ídolos*. Su título significa lo siguiente:

Crepúsculo: la luz que se apaga, el ocaso, simboliza la decadencia, la degradación, la ruina, el último suspiro de aquello que fue y que está a punto de dejar de serlo, en este caso los ídolos.

Ídolo: aquello que, aunque falso, es admirado, venerado y, en consecuencia, se le atribuye culto o adoración. Los ídolos a los que se refiere el texto son el cristianismo, la moral, la razón, la verdad y todo aquello en que ha creído la cultura occidental desde sus inicios.

Por lo tanto, el libro es una crítica-anuncio sobre el fin de una época, el fin de una cultura, la occidental, la cual está descubriendo que sus adorados dioses eran figuras de barro, juguetes sin poderes reales para consuelo de niños miedicas. El título expresa el desencantamiento, el desengaño, de la cultura occidental y la llegada del nihilismo (aunque la palabra como tal no aparece en el libro), el no creer en nada.

En *Ecce homo,* al hablar de este libro, lo presenta así: *"Un gran viento sopla entre los árboles y por todas partes caen al suelo frutos – verdades."*

3 CRÍTICA A LA CULTURA OCCIDENTAL

Gran parte de los esfuerzos de Nietzsche se centran en desmontar la estructura intelectual en que se ha apoyado la cultura occidental para sobrevivir. El *logos* de Occidente nace enfermo, pero durante mucho tiempo, enmascaró su enfermedad, disfrazó su realidad para dar apariencia de salud e hizo alarde de fortaleza. Como en casi toda enfermedad, el paciente no quiere darse cuenta. Nietzsche será el médico que, tras auscultar al enfermo, realiza un diagnóstico; y no puede ser más fúnebre: realizada una revisión profunda hallamos que, tras la apariencia de una cultura autosatisfecha, que se cree la única conocedora de la verdad, creadora de ciencia, en progreso continuo y fundamentada en leyes racionalmente universales, se encuentra un virus inicial introducido por los fundadores de la cultura: unos hombres que, por su propia seguridad, por interés propio, desprecian y niegan lo sensible y construyen un mundo irreal donde puedan sobrevivir. Nietzsche descubrirá la enfermedad escondida, aislará los virus que la causan y propondrá medidas de curación, aunque muy agresivas, para el paciente Occidente.

3.1 El método genealógico

Para realizar su crítica a Occidente, Nietzsche utilizará un método peculiar: el método genealógico. La palabra genealogía la asociamos a la de árbol genealógico, es decir, al esquema que recoge todos los ascendientes familiares de un individuo. Saber de dónde venimos sirve para conocer nuestro linaje, pero también —así lo utilizará Nietzsche— para descubrir un fraude lejano en el tiempo. Con espíritu detectivesco, nuestro autor hará el árbol genealógico de Occidente para descubrir que en su linaje no está la búsqueda del saber, el interés por la verdad o el cultivo de la razón: en su origen está el miedo de unos hombres mediocres al devenir y al cambio de las cosas, el miedo a vivir inseguros en un mundo que experimentamos, pero que nos resulta enigmático. **Nuestro linaje proviene del miedo y no del amor a la verdad**. El origen de Occidente es, como dice Nietzsche, *pudenda origo:* un origen que avergüenza, que huele mal.

Como el arqueólogo que va excavando substratos para descubrir información de tiempos pretéritos, el método genealógico permitirá sacar a la superficie este origen hasta ahora camuflado y ocultado por sus propios creadores. Pondrá al descubierto el fraude de una cultura que se ofrece al mundo como garantía de progreso, de verdad y de justicia y que no es más que una cultura gregaria que defiende los intereses de unos hombres que no supieron estar a la altura de los abismos de la realidad y que configuraron un mundo alternativo, **un ultramundo ficticio en el que vivir con seguridad y comodidad**. La genealogía removerá aquello que se tenía por fundado y definitivamente establecido, atacará los cimientos mismos de la civilización occidental, pues la dinamita que sale de los aforismos nietzscheanos va dirigida a las pilastras mismas del *logos* que sostiene todo el edificio de Occidente.

3.2 Crítica a la razón y a sus criaturas

Si el origen de nuestra civilización es una estrategia para huir del miedo y no un camino para descubrir la verdad, entonces de lo que estamos hablando es de un problema de *supervivencia psicológica*: nuestra fragilidad mental, que no nos permite convivir con el caos, es la que pone en funcionamiento a la Razón para que genere un mundo irreal que nos permita sobrevivir. Y es el miedo a perder este mundo seguro el que provoca el interés filosófico y moral por justificar y fundamentar, es decir, por ocultar, tan mísero comienzo de la civilización. La razón es, pues, la causante de la enfermedad de Occidente al generar un tumor maligno y extraño a la vida y al cuerpo. Un tumor que tiene como objetivo anular, si fuera posible, los impulsos y crear un ultramundo. Una realidad imaginaria que consuela.

La cultura occidental cree que ha generado, gracias al correcto uso de la razón, el más grande *progreso* que la humanidad jamás conoció. Para conseguirlo, afirma, fue necesario pasar del mito al *logos*, olvidarse del saber narrativo y sustituirlo por la lógica y la explicación. Sólo así parecía posible acceder a la Verdad, a la Justicia, al Bien universal. Pero este conocimiento con pretensiones de universalidad (para todos) y necesidad (no puede ser de otro modo) chocaba frontalmente con aquello que la convivencia histórica, la finitud de la vida y los datos de los sentidos nos ofrecían: todo fluye, todo cambia, nada permanece. Nuestra experiencia inmediata lo es de aquel mundo sensible, distinto a cada instante, despreciado por Platón. Por eso, Occidente necesita desprestigiar el movimiento, negar la diferencia radical de lo que acontece. Y para ello nada mejor que **renegar de los sentidos y construir realidades ultramundanas** donde todo funciona como la Razón quiere que funcione. Los valores eternos se encuentran tras velos más o menos opacos, en algún sitio no aprehensible por los sentidos, y sólo el detective Razón será capaz de descubrirlos. Los cimientos de esta construcción interesada, ese mundo irreal producto del miedo, son rápidamente cubiertos bajo un manto de racionalidad que permite convertir lo que es sólo una necesidad vital, en una verdad supuestamente objetiva, neutral, que responde a parámetros universales y no a una sociedad que empieza a mostrar síntomas de decadencia. **La filosofía, la religión y la moral occidental son síntomas de decadencia.**

Esto se demuestra rastreando la *historia de la filosofía*: ya Parménides había negado el movimiento, lo sensible. Luego Sócrates buscó afanosamente la definición universal que eliminara la singularidad de las cosas. Platón dio un salto más e inventó un mundo inteligible donde pudo afirmar todo aquello que la experiencia le negaba. Aristóteles fue más comedido pero siguió sosteniendo la existencia de esencias universales que sólo la razón descubre. Con el cristianismo la cosa fue a mayores, elaboró un mundo teológico que no sólo negaba la singularidad mostrada por la experiencia, también la propia razón, condenada por unos cuantos siglos a ser la perrilla faldera de la fe (por más que Santo Tomás quisiera maquillar tal subordinación). Tampoco Descartes fue capaz de demostrar que el mundo de la razón era sólo un decorado teatral; cuando observó que su duda metódica le llevaba a un callejón sin salida recuperó el discurso de los ultramundanos, volvió a sacar del sombrero mágico a Dios, se inventó la glándula pineal, y sólo así pudo mantener lo supuesto sin negar lo obvio. Kant, aunque intentó acercar los dos mundos, tuvo también que recurrir a lo racional (las categorías del entendimiento y a los *a priori* espacio-temporales del sujeto), para darle sentido y lógica a lo meramente sensible que, en tanto sensible, carece de ella. Sólo el empirismo y su discípulo el positivismo devolvieron a los sentidos su dignidad (aunque, como veremos, también erraron pues los consideraron neutrales, descargados de toda valoración). *"La historia de la filosofía es una* furia secreta *contra los presupuestos de la vida, contra los sentimientos de valor de la vida, contra el tomar partido a favor de la vida. Los filósofos no han vacilado nunca en afirmar un mundo, pero siempre que semejante mundo cumpliese el presupuesto de estar en contradicción con este mundo, de proporcionar un motivo para hablar mal de este mundo. Ello ha sido hasta ahora la gran* escuela de la calumnia *(...)" (Fragmentos Póstumos* IV, 14 [134])

La cultura occidental es como aquel pavo satisfecho de su belleza que mueve sus plumas con orgullo y ostentación, sin sospechar que se acerca el día de Navidad. El engaño funcionó mientras los engañados no se sintieron como tales. Pero, según Nietzsche, y anticipándose a lo defendido por muchos en nuestros días, la sociedad occidental camina hacia el vacío de sentido (el nihilismo). La civilización occidental, edificada sobre una ficción, está enferma, crónicamente enferma. A medida que se vaya dando cuenta de la falsedad de sus creencias, cuando comprenda que su *logos* era sólo la imposición de un mito, se irá desintegrando. Su muerte está a la vuelta de la esquina (en nuestros días, también oímos la misma idea: nuestra sociedad ha perdido sus valores). El mal ya no tiene remedio.

Nietzsche, como médico, no trata de salvar al paciente, trata de apuntillarlo: "*¡A lo que está cayendo se le debe incluso dar un empujón!*" (*Así habló Zaratustra*, "De tablas viejas y nuevas"). Pero esto no significa que esté al lado de la enfermedad. Si intenta precipitar el proceso de degradación es porque para sanar es necesario acelerar el proceso de infección. Occidente ha agotado su proyecto, se ha descubierto su engaño y ya sólo queda acudir a su entierro. El hombre del rebaño, generador de esta cultura, es incapaz de resucitar al muerto, pues para eso hace falta crear nuevos valores y sólo los espíritus libres

INFORME MÉDICO

DOCTOR: Friedrich Nietzsche
ESPECIALIDAD: Genealogía
NOMBRE Y APELLIDOS DEL PACIENTE: Cultura occidental
DIAGNÓSTICO: Enfermedad crónica
TIPO DE ENFERMEDAD: Síndrome de la razón
CAUSAS: Miedo al movimiento. Negación de los sentidos
SÍNTOMAS: Creación de ultramundos
EVOLUCIÓN ESTIMADA: Degenerativa
TRATAMIENTO PRESCRITO: Acelerar la enfermedad hasta la muerte
PRONÓSTICO: Enfermo terminal

Este informe tendrá validez durante el tiempo de tratamiento señalado en el mismo. Si este no se especificara o fuera por tiempo indefinido, se considerará válido durante 12 meses.

FIRMA DEL FACULTATIVO Dr Fr Nietzsche

—marginados por esta cultura— pueden hacerlo. Ahora bien, detrás de este entierro se encuentra el deseo de construir una nueva cultura con una gran salud. Una cultura que no sea fruto de la fatiga, de la enfermedad de vivir, sino de la voluntad de vivir. Una cultura que genere espíritus libres, no hombres pavorosos. *"¡Vuestros propios sentidos debéis pensarlos hasta el final! Y eso a lo que habéis dado el nombre de mundo, eso debe ser creado primero por vosotros: ¡vuestra razón, vuestra imagen, vuestra voluntad, vuestro amor deben devenir ese mundo! ¡Y, en verdad, para vuestra bienaventuranza, hombres del conocimiento!" (Así habló Zaratustra,* "En las islas afortunadas").

4 VOLUNTAD DE PODER. VITALISMO

La convicción que le permite a Nietzsche tanto criticar como proponer una alternativa a esa cultura occidental se centra en la interrelación entre las nociones cruciales de *voluntad de poder* y *vida*, que a continuación aclaramos.

4.1 La voluntad de poder

La voluntad de poder es la **energía vital** que nos lleva a actuar con el fin de autoafirmarnos. Es el entusiasmo o la pasión que nos empujan a realizar determinadas acciones, la fuerza que nos lleva a crecer, a fortalecernos. Es potencia, brío, ímpetu. No es querer el poder sino adquirir poder sobre uno mismo.

Aunque brota del cuerpo, no se puede reducir sólo a un instinto biológico, no se trata de un mecanicismo orgánico. En ella intervienen otros factores como el ambiente, la biografía, la alimentación y cierta fuerza interior enigmática. Expresa todo aquello en que nos hemos convertido y desde donde nos lanzaremos a la creación de nuestros propios valores. El resultado irrepetible de una multitud de elementos combinados por azar.

4.2 Características de la voluntad de poder

- **Inconsciente.** La voluntad de poder es irreflexiva, ni deseo consciente, ni obligación o deber racional. Es un impulso ligado al cuerpo y que forma parte de la fisiología humana, una más de las funciones del organismo. De la misma forma que el cuerpo tiene un esqueleto cuya función es sostenerlo y darle forma, tiene una voluntad de poder que le empuja a actuar en sentido autoafirmativo; es decir, a ejercer una fuerza y a defenderse de fuerzas que actúan sobre ella.

- **Previa a la razón**. La voluntad de poder es la forma primitiva de pasión que configura todas las otras pasiones y que determina a la razón. Razón y pensamiento son sus instrumentos (como lo es el estómago del cuerpo), herramientas manejadas por los instintos, síntomas de un valor fisiológico como es la voluntad de poder. Los argumentos racionales que defendemos sólo indican la cantidad de potencia de un organismo humano. **Según sea nuestro cuerpo así será nuestra razón**. Cuando la consciencia cree dar órdenes, en realidad está ejecutando lo que le dicta el cuerpo. Un organismo al que le siente mal el alcohol defenderá con razones que hay que ser abstemio. Por eso, cuando Nietzsche se pregunta por las razones del actuar del hombre, hace la pregunta directamente al cuerpo (lo originario) y no a sus construcciones racionales. Incluso los cambios de razones que experimentamos a lo largo de nuestra existencia no dependen de las reflexiones que realizamos, no es ningún triunfo de la razón, sino de los cambios fisiológicos que padecemos. Quien cambia de criterio es nuestra vida, no nuestro intelecto. Si a los 40 años sostengo que a los 18 estaba equivocado es porque ya no soy el mismo, tengo una nueva vida que ha guillotinado aquella certeza; si me devolvieran los años, me devolverían la certeza. *"Tu nueva vida, no tu razón, ha matado para ti esa opinión:* no *la necesitas más, por lo que ahora se deshace y la sinrazón sale de ella como un gusano a la luz."* (*La Gaya Ciencia* §307).
- **Peculiar**. Aunque su función sea siempre afirmarse a sí misma, como no hay dos fisiologías idénticas, la voluntad de poder siempre es cambiante y diferente (de la misma forma que el estómago), difiere constantemente, no en su función, pero sí en su grado de actividad de acuerdo a parámetros como la edad, la dieta digerida, el clima...
- **Exige resistencia**. Para afirmarse necesita oposición; sólo venciéndola consigue un aumento de poder. Por eso la voluntad de poder siempre está insatisfecha. Su permanente pasión de autoafirmación le obliga a superarse y a buscar fuerzas que se le opongan. No le molestan los grandes enemigos, incluso los busca, pues son la ocasión perfecta para manifestarse. Su fuerza, su potencia, se fortalece gracias también a la fuerza del oponente al que se enfrenta. *"(...) el sentimiento de placer radica precisamente en la insatisfacción de la voluntad, en el hecho de que sin los límites y las resistencias no se encuentra todavía suficientemente saciada... «El feliz»: ideal de rebaño" (Fragmentos Póstumos* IV, 11 [75]).
- **Necesita del dolor**. La voluntad de poder es siempre ruptura de equilibrio. Necesita de la sensación desagradable para crecer. De ahí que

no rehúya el dolor, los estímulos dolorosos la refuerzan, la excitan. **Su visión del hombre es trágica**. En la tragedia se expresa, sobre todo, un modo valiente y noble de afrontar la vida, incluidas sus desgracias y catástrofes. "No *apaciguamiento, sino más poder;* no *paz ante todo sino guerra; no virtud sino vigor (...)" (El Anticristo,* §2). El héroe trágico planta cara al dolor más amargo porque es lo bastante fuerte para resistirlo, para afrontar la vida en cualquiera de sus formas: *"Lo que no me mata me hace más fuerte" (Crepúsculo de los ídolos.* "Sentencias y flechas" §8). Por eso, los griegos clásicos, maestros de la tragedia, ejemplifican una cultura más sana, más afirmativa, llena de vitalidad, más elevada y bella. La voluntad de poder no busca la paz del alma, el sosiego, la calma, el reposo, busca la actividad permanente, la afirmación persistente. Se aleja Nietzsche tanto del estoicismo como de Schopenhauer, pues ambos desaprovechan las posibilidades creadoras del dolor y se limitan a resignarse ante él. Imperturbables en su ataraxia, acaban mortificando al ser humano, convertido en una piltrafa sin fuerzas para luchar, sin capacidad de autoafirmarse. También se separa del hedonismo que considera que sólo es deseable una cosa en la medida en que es placentera.

- **Carente de finalidad externa**. La voluntad de poder se quiere por sí misma. No hay nada detrás de ese querer. La fuerza se reduce a su actividad. No se busca ni para conseguir el placer ni la felicidad (de la misma manera que no se busca por el dolor, pero necesita del dolor), lo que no quiere decir que la sensación de un aumento de voluntad de poder no vaya acompañada de placer. El goce acompaña pero no mueve. Es el cosquilleo del sentimiento de poder alcanzado. El placer y el displacer son fenómenos secundarios en relación a la tendencia hacia el aumento de fuerza. De nuevo nos separamos del hedonismo, pues no es el placer (sea el que sea) el bien último de la vida humana.

- **Creativa**. La voluntad de poder es voluntad de crear. La mejor manera de afirmarse es marcando las diferencias. Quien se esconde en la masa anónima se niega a sí mismo, se anula. Imponer nuestra propia visión del mundo, enfrentarse a las otras fuerzas, nos exige ser diferentes y crear modelos de vida singulares, hacer regalos a la vida. Sólo el acto creativo es un acto de afirmación vital, sólo la creación funda nuevas formas de vida hasta ahora no exploradas. No en vano se llama pro*crear* a engendrar más vida, multiplicar la vida, *"(...) no es sólo el sentimiento de poder sino el placer en crear y en* lo creado *(...)" (Fragmentos Póstumos* IV, 7 [2]).

- **Libre**. La voluntad de poder es libertad. No como autolegislación, sino como hacer lo que nos pide el cuerpo (entendiendo por cuerpo más dimensiones que las meramente biológicas). Al *si debo puedo* de Kant, se le opone ahora *si puedo debo*. El problema está en los límites de mi poder, no en los morales, no en mi deber. Mi libertad no acaba donde empieza la del otro, sino que acaba donde acaba mi fuerza, mi voluntad de poder. La conquista de la libertad se manifiesta en el goce y la expansión de uno mismo, en nuestra capacidad de potencia, en el amor activo hacia nosotros mismos. No es la verdad la que nos hará libres, como defiende San Juan en su evangelio, es el poder el que nos hace libres.
- **Diversa**. La voluntad de poder tiene manifestaciones múltiples, es móvil, variable, plástica. Esta diversidad se hace patente no sólo entre individuos diferentes, sino en cada individuo y en cada momento. Hay pulsiones diversas dentro de cada supuesta unidad que se resuelven en un sentido u otro, según el resultado del combate. La voluntad de poder es sobreplenitud, sobreabundancia, exceso. Por eso, su abanico de acciones puede abarcar desde lo que la moral llama crueldad hasta lo que llama generosidad (como veremos para Nietzsche no son más que respuestas orgánicas, por lo que carece de sentido afirmar que son correctas o incorrectas, buenas o malas, son simples manifestaciones de la voluntad de poder).

4.3 Vida y voluntad de poder

Interrelacionada con la voluntad de poder aparece la noción nietzcheana de vida. Expresiones cotidianas como "tiene vida en la mirada", "está lleno de vida" o "en verano hay más vida en las calles" nos acercan intuitivamente al concepto. **Vida es energía, potencia, fuerza**; calificativos que ya habíamos utilizado al hablar de la voluntad de poder. Ambas nociones se igualan, se coimplican: la voluntad de poder aspira a afirmar la vida, es un instinto de vida, y cualquier ser vivo pretende crecer y superarse. *"¿Pero* qué es la vida? *(…) mi fórmula (…) reza: la vida es voluntad de poder." (Fragmentos Póstumos* IV, 2 [190]). La voluntad de poder tiene como objetivo la elevación de la vida; es decir, el afinamiento de los sentidos, la potenciación de la pasión, la búsqueda del riesgo y del peligro como muestra de una enorme confianza en uno mismo: *"(…) tendrá que ser la encarnada voluntad de poder, querrá crecer, extenderse, atraer a sí, obtener preponderancia, – no partiendo de una moralidad o inmoralidad cualquiera, sino porque* vive, *y porque la vida* es *cabalmente voluntad de poder." (Mas allá del bien y del mal,* §259).

4.4 Vida ascendente, vida descendente

La voluntad de poder es como un músculo de la vida, es el bíceps de la vida. A una voluntad de poder más fuerte le corresponde una vida más fuerte, a una voluntad de poder débil le corresponde una vida débil. Nos encontramos, pues, con dos formas diferentes de afrontar la vida, la ascendente o la descendente.

Vida ascendente	= Voluntad de poder fuerte = salud = placer como victoria
Vida descendente	= Voluntad de poder débil = enfermedad = placer como reposo, bostezo

"El pobre en vitalidad, el débil, empobrece aún más la vida: el rico en vitalidad, el fuerte, la enriquece... El primero es su parásito; el segundo, uno que le añade regalos... ¿Cómo es posible tal confusión...?" (Fragmentos Póstumos IV, 14 [68]).

Más allá de la evidencia, ¿cómo podemos diferenciar una voluntad fuerte de una débil, una vida ascendente de una vida descendente?

- **Por su afán de superación.** Por su capacidad de ganar a las fuerzas que se le resisten. La vida descendente es aquella que actúa de forma reactiva, es decir, a la defensiva. Se siente incapaz de oponer resistencia, se encuentra agotada, sin fuerzas, quiere paz, descanso (felicidad del nihilismo). Incapaz de vencer en el combate de la vida, reniega de ella porque necesita una vida disminuida. Niega todo deseo y rebaja el sentimiento vital al mínimo. Es una voluntad de poder que se vuelve contra sí misma, se vuelve extraña, más que autoafirmarse se niega. Pero no hay contradicción en esto, sigue siendo una protección de vida, sólo que de una vida *sui generis* (aunque usual), una vida que degenera, marchita fisiológicamente y que sólo puede sobrevivir al precio de rebajar los umbrales de lo vivo, paralizando la vida. Retrocede en la medida en que hay una avería fisiológica. Quiere debilidad porque es débil. Si tratara de reaccionar se consumiría en muy poco tiempo. *"(...) consiste en reducir el metabolismo, en tornarlo lento, en una especie de voluntad de letargo invernal." (Ecce homo,* "Por qué soy yo tan sabio"). Obviamente no es una vida creativa, más que vive sobrevive. Así pues, las alternativas son dos: de un lado la negación de la vida, la represión de la sensibilidad y de la pasión, el miedo ante el más mínimo obstáculo y el intento de esquivarlo. De otro la afirmación de la vida, la potenciación de la pasión, el decir sí a la vida. De un lado quien afirma "quiero existir", de otro quien dice "no lo soporto".
- **Por su relación con el dolor**. El mismo dolor puede ser visto de forma diferente según la vida que se posea, según la fisiología que se tenga. La vida descendente puede morir por un veneno que tomado por una

vida ascendente serviría como reconstituyente. Para la vida descendente, el dolor es insatisfacción, depresión, tristeza, no motivo de estímulo. Su propuesta será aliviar el dolor a costa de negar la vida, no sufrir a cambio de no gozar.

- **Por su trato con los instintos**. Los instintos son fuerzas de energía muy potentes que pueden con facilidad destruir al ser humano, arrastrarlo a los abismos; pero también pueden servir para dar más potencia. Cuanta más tensión eléctrica, más posibilidades de quedar electrocutado, pero también de generar energía. Ante este dilema la opción de la vida descendente será eliminar toda electricidad (opción religiosa, peligrosa, e imposible como lo ejemplifican tantos casos incluso dentro de la propia Iglesia) o moderar su potencia a niveles menos peligrosos (opción racional que pierde energía posible). La vida ascendente sería asumir el riesgo, el peligro, aglutinar toda la fuerza pulsional y reconducirla a un mismo fin: nuestra autoafirmación, para así aprovecharse de su energía. Encauzar los instintos, hacerlos fértiles y *"sacar rendimiento económico al poder que tienen" (Fragmentos póstumos,* IV, 14 [163]). Todos los seres humanos excepcionales se han beneficiado de una gran pasión que han sabido reconducir y que se delata en el entusiasmo de sus palabras y en el brillo de sus ojos cuando hablan de ella. Los frígidos no sirven para nada.

4.5 Nietzsche vitalista

La voluntad de poder marca la altura de vida y sus posibilidades de actuación. Todos los demás valores defendidos mediante argumentos racionales o morales (producidos por la consciencia) son sólo un reflejo de estos valores fisiológicos de la fuerza vital. *"¡Ay, ha habido siempre tanta virtud que se ha perdido volando! Conducid de nuevo a la tierra, como hago yo, a la virtud que se ha perdido volando – sí, conducidla de nuevo al cuerpo y a la vida: ¡para que dé a la tierra su sentido, un sentido humano!" (Así habló Zaratustra,* "De la virtud que hace regalos").

La vida —y no la razón, la moral o la fe— se convierte en el criterio para valorar las acciones humanas. Por eso podemos calificar la teoría de Nietzsche como **vitalismo**. Es la energía vital la que permite diferenciar y establecer jerarquías entre los seres humanos, la que explica los motivos de las construcciones espirituales humanas: conocimiento, moral, religión... (como veremos a continuación). *"Yo enseño el no a todo lo que debilita – a lo que agota. Yo enseño el sí a todo lo que fortifica, a lo que acumula fuerza (...)" (Fragmentos Póstumos* IV, 15 [13]). El sentido de la vida no es trascendente, no se encuentra en ningún más allá de la vida misma; se encuentra en el cuerpo mismo, en las propias e intransferibles vísceras desde donde experimentamos nuestro contacto directo con lo terrenal que nos aborda. El vitalismo es la conclusión que se deriva de un pensamiento que propone como premisa la voluntad de poder, la fuerza vital.

5 CONOCIMIENTO Y VERDAD

5.1 Ser / devenir. Mundo verdadero / Mundo aparente

La realidad se nos presenta como caos, como diferencia, nada hay igual, eterno y permanente en ella. **La realidad no es, deviene**. Su aliento constante hace que todo se renueve a cada instante. No podemos percibir nunca la misma hoja porque no hay una "misma hoja"; la hoja, como todo lo existente, se renueva cada *aquí y ahora*, como también se renueva nuestra forma de percibir la realidad en cada nueva percepción. Este alumno, ese árbol o aquel edificio, no son sólo únicos y diferentes respecto a los otros alumnos, árboles o edificios, sino que, aquí y ahora, son diferentes de cualquier otro aquí y ahora de su existencia. Es más, los sentidos que los perciben tienen la misma variación. Demasiada infinitud de variaciones para intentar aprehenderla. La realidad es un enigma indescifrable; pero, si es así, cualquier intento de conocerla está destinado al fracaso. **La realidad es inaccesible al conocimiento humano, podemos experimentarla, pero no conocerla.** En la realidad no hay cosas, hay aconteceres, sucesos fluctuantes que experimentamos. No hay ningún hecho, todo es fluido, inaprensible, fugaz.

El devenir es enigma y, como todo enigma, nos desconcierta; por eso incluso podemos llegar a odiarlo. Pero ¿podemos soportar un mundo sin sentido, sin orden, sin *logos*, sin certeza? ¿No hay un mundo más seguro donde habitar? La cultura occidental, la filosofía, ofrece la solución: dado que esta realidad nos la muestran los sentidos, digamos que los sentidos nos engañan y que nos conducen al error. La realidad que nos muestran, la del devenir, es pura apariencia; tras ella se encuentra la verdadera realidad, la auténtica, aquella que alcanzamos gracias a la razón. Bien sea mediante la dialéctica (Platón), la fe (cristianismo), el *cogito* (Descartes), las categorías del entendimiento o la razón práctica (Kant)... la razón nos abre al mundo de "objetos" que permanecen sin variar y que, por lo tanto, permiten el conocimiento verdadero. Ese mundo de objetos es lo que llamamos metafísica, a cuya base está la creencia en una correspondencia *a priori* entre realidad y razón. Pues bien, ese mundo creado por la metafísica es, para ella, real, incondicionado y estable; aunque no está al alcance de la percepción.

Hemos duplicado el mundo**: por un lado tenemos el mundo del devenir, pura apariencia; por el otro, el mundo del ser, el auténtico, el que vale la pena**. El dualismo ontológico de Platón (mundo sensible/ mundo inteligible) se mantiene con diferentes matizaciones a lo largo de la historia de la filosofía, pero siempre asentado en dos principios:

- Lo que permanece tiene un valor superior a lo que cambia.
- La razón es el camino para descubrir y conocer el mundo verdadero.

Los encargados de combatir la apariencia y el cambio, de embalsamarlo, son los filósofos que, por analogía a lo que los egipcios hacían con sus muertos, Nietzsche llama **filósofos-momia.** Unos filósofos que confían en los conceptos abstractos tanto como desconfían de los sentidos: *"(...) aquéllos* [los filósofos] *creían que los sentidos les atraían hacia fuera de su mundo, el reino frío de las «ideas», hacia una peligrosa isla del Sur: donde temían que sus virtudes de filósofos se derritieran como la nieve bajo el sol. Ponerse «cera en los oídos» era en aquellos tiempos, poco menos que una condición del filosofar (...)." (La Gaya ciencia,* §372).

5.2 Nietzsche ante el llamado "mundo verdadero"

Ante la insistencia de los filósofos por defender el par asimétrico de realidades y la prioridad del mundo verdadero frente al aparente, responderá Nietzsche: **sólo hay devenir**. Lo aparente lo puedo experimentar, pero lo "verdadero" no es más que una construcción de la razón, y la razón (como ya hemos visto) no es más que una forma grosera y simplificada de lo inconsciente, un elemento secundario que de ningún modo puede establecerse como el valor supremo de la existencia. Por lo tanto, lo real es la multiplicidad y el cambio. *"El «mundo verdadero» y el «mundo aparente» – dicho con claridad: el mundo* fingido *y la realidad..." (Ecce Homo,* "Prólogo"). Si todo es devenir, entonces sustituiremos los dos principios anteriores por estos dos:

- No hay ningún sentido escondido por debajo o por encima del devenir.
- No hay sentido alguno porque el devenir no da sentido.

Punto y final al dualismo de realidades. El mundo aparente sólo tiene sentido en relación con el verdadero. Si éste desaparece, no podemos llamar al otro aparente, pues no es apariencia de nada. Por lo tanto, desenmascarado el "mundo verdadero", reconvertido en una creación fantasmal humana, la única realidad que nos queda es el llamado "mundo aparente"; es decir, el del devenir. Un devenir sin intención final, carente de meta, privado de sentido. Un mundo del cual tenemos experiencias diversas según sea nuestra fisiología; por eso, más que del mundo real habría que hablar del mundo experimentable. Así, por ejemplo, sólo sabemos de la dureza de una piedra en contacto con la piedra, la piedra no es dura en sí misma, sólo es dura para aquel que la toca; no conocemos la dureza, la experimentamos.

De acuerdo con las convicciones nietzscheanas sobre la voluntad de poder y la vida, la construcción del "mundo verdadero" es síntoma de una vida descendente, de un hombre débil que necesita crear ese mundo, que todos crean en él y que desprecien el otro, para sobrevivir. Es la enfermedad lo que inspira al filósofo, pues el miedo al azar es un síntoma de debilidad, de servidumbre del espíritu. El ser humano ha inventado el "mundo verdadero" a su imagen y necesidad, para mantenerse en la vida; es **antropomórfico** y, como tal, propio del mito. Incapaz de afrontar el caos del devenir tal cual, en su cambio y multiplicidad radicales, no ha dudado en falsear un mundo absurdo, inhumano, amoral y caótico. Ha negado o encubierto todo lo que le inquieta y lo ha reducido a unos pocos elementos. Ha convertido lo mutable en algo (cosas, objetos), cuando en realidad no hay "algo", sino multitud de "algos" que cambian incesantemente. No hay una cosa en sí misma, el concepto de cosa es un falseamiento, una manera de arreglar, esquematizar la experiencia, para que resulte dominable. En conclusión, los filósofos-momia son imputados por falsificadores, pues simplifican la realidad, reducen el devenir, lo solidifican. "Conocimiento *y* devenir *se excluyen" (Fragmentos Póstumos* IV, 9 [89]).

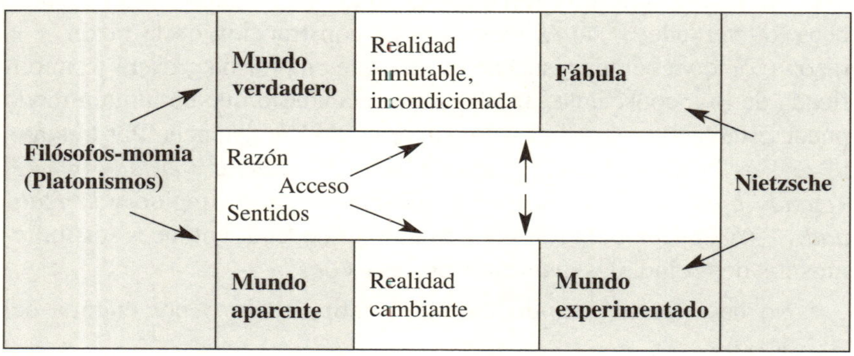

5.3 Crítica nietzscheana al mundo metafísico

La invención y la ficción son las poderosas armas del intelecto para crear un mundo apto para la vida fatigada. La principal herramienta que este intelecto emplea para lograrlo es el **lenguaje**. El resultado de siglos de lenguaje tiene como consecuencia la dificultad de percibir el cambio. La fe en la gramática permite creer en el "mundo verdadero". El lenguaje llena la realidad de sustancias, sujetos, causas-efectos, identidades...

que en ningún caso experimentamos. Permite una metafísica popular (no elaborada intelectualmente) que, trabajada por los filósofos-momia, acaba elaborando los mundos metafísicos: *"(...) la oposición de sujeto y objeto: dejo esta distinción a los teóricos del conocimiento que han quedado presos en las trampas de la gramática (la metafísica popular)." (La gaya ciencia,* §354). Desarrollaremos este apartado a partir de dos ejemplos utilizados por el mismo Nietzsche: digo en noche de tormenta: "el relámpago brilla". Suena como algo obvio y que se corresponde sin duda con lo experimentado. Pero si analizamos con detalle lo que estamos diciendo veremos que no se corresponde con lo experimentado, sino con un mundo metafísico. Estoy duplicando la realidad, pues diferencio el relámpago del brillo y además afirmo que hay una sustancia, el relámpago, que genera un efecto que es el brillo. Resultado: he convertido un acontecer que me han ofrecido los sentidos en un mundo con sustancias (cosas) y con causas y efectos. Bajo el imperio de las categorías lingüísticas no nos percatamos de que relámpago y brillar forman parte de una misma acción acaecida, la experiencia sola no puede separar el relámpago del brillo, ni puede percibir la causa diferenciada del efecto (ya Hume había defendido que no podemos afirmar que entre una primera impresión —causa— y otra que le sigue —efecto— haya una conexión necesaria, pues no tenemos impresión sensible de tal necesidad). La metafísica del pueblo, la gramática, nos hace creer que toda acción tiene detrás un sujeto, un agente, cuando lo único que existe es la acción, el devenir: "In summa: un acontecimiento ni está causado ni es causante. Causa *es un* poder de producir efectos *inventado para ser añadido al acontecimiento" (Fragmentos póstumos,* IV, 14 [98]).

Pasemos ahora al mundo metafísico elaborado. Descartes intuye que se piensa y su intelecto consigue así una primera certeza metafísica (verdad indudable) que se convierte en axioma de toda su filosofía. Apoyándose en el lenguaje, en la idea de que tras toda acción hay un sujeto, afirma: se piensa, por lo tanto hay algo pensante, ese algo soy yo, en consecuencia yo pienso, luego yo existo. Ahora bien, del acontecer "se piensa" lo único que puede extraerse es que hay pensamiento (una tautología: si se piensa entonces se piensa. Una perogrullada). Que detrás de ese pensamiento haya un *yo* que lo produce, aunque apoyado en el lenguaje, no es más que una cuestión de fe o de necesidad de creer en un mundo con razón y sentido. Si Descartes no hubiera tenido miedo al devenir, nunca hubiera realizado tal descubrimiento. ¿Quién me dice que *yo* soy el que piensa? La existencia del vocablo "yo" nos permite afirmar que me refiero a un sustrato invariable e idéntico de toda una serie de experiencias y aconteceres diferentes.

Entre los elementos lingüísticos que permiten construir mundos artificiales podemos señalar:

- **El término "yo"**. Su uso me convence de que existe un sujeto, cuando el sujeto individual no es ninguna sustancia, ningún núcleo racional unitario, sino una pluralidad de fuerzas y una diversidad de personajes que se suceden o coexisten.
- **La gramática del verbo ser**. En nuestro lenguaje son fundamentales las frases con el verbo ser, verbo que parece hablar de la esencia de las cosas, que fomenta la idea de la existencia de entidades con rasgos permanentes, de sustancias. Si digo *el árbol X es verde*, tomo el árbol como sustancia y el verdor como accidente, de tal forma que ante un nuevo acontecer: *el árbol X es negro* (incendio forestal veraniego) la sustancia permanece y el accidente cambia. Es decir, le quito importancia a las diferencias experimentales (vivo, muerto; da sombra, no da; con hojas, sin ellas; ennegrece, pierde savia...), las obvio, simplifico la realidad y la hago permanente (es el mismo árbol, el árbol X). Me cuesta captarlo como aconteceres diferentes porque la estructura gramatical se entremete en mi percepción y me permite creer en la esencia de las cosas.
- **La estructura sujeto-predicado**. La mayoría de frases de nuestro lenguaje tienen la forma sujeto-predicado, necesaria para un juicio con sentido. Pero esta estructura, además de mantener la idea de que en el mundo existen cosas, permite pensar la realidad en estructuras de causa-efecto, pues facilita la diferenciación entre un sujeto agente (la causa) y su producto (efecto), como hemos visto en el ejemplo del relámpago.
- **Polisemia y sinonimia**. Con el lenguaje hablamos de distintas cosas mediante las mismas palabras. Con ello alimentamos las semejanzas e identidades entre ellas. Sometemos lo individual a lo universal, tratamos lo parecido como si fuera igual, aunque nada hay igual. Aglutinamos aconteceres muy diferentes acogiéndonos a similitudes marginales e ignorando grandes diferencias (así, por ejemplo, llamamos pez al pez espada y al caballito de mar, como si participaran de una sustancia común). Ni con los verbos expresamos el devenir o el cambio. Con verbos como *correr* se igualan acciones tan diversas como el "correr" de un coche, de un atleta o del agua del río. Naturalmente, el reducir la realidad a unos pocos conceptos iguales para todos nos simplifica la vida, nos la hace más cómoda y segura, pero nada tiene que ver con la realidad. Es sólo una opción vital, la opción por un determinado modelo de vida: la del metafísico, una especie improductiva, fatigada de la vida.

Una filosofía que intente hablar del devenir tendrá que violentar la metafísica popular con un nuevo estilo, un nuevo lenguaje (recordemos el apartado 1 de este capítulo). O, dada la dificultad para escapar del lenguaje, saber como mínimo dónde están sus trampas para no enredarnos en ellas (sobre todo si tenemos una voluntad de poder fuerte que nos permite convivir en un mundo sin sentido). De forma similar a como lo hiciera el empirismo de Hume, Nietzsche pone en entredicho todo el mundo metafísico creado por Occidente y lo reduce a palabrería hueca. Mediante la razón lógica y el lenguaje gramatical, el mundo reduce su complejidad, se vuelve más calmado, más sosegado. Apoyándonos en instancias que merezcan nuestra confianza —sustancia, causa, igualdad, sujeto— podemos sobreponernos al exceso de realidad, al devenir caótico, pero no alcanzamos ninguna otra realidad, sino un mundo fabulado a nuestra medida. *"El instinto causal está condicionado y es excitado por el sentimiento de miedo" (Crepúsculo de los ídolos.* "Los cuatro grandes errores").

5.4 Conocimiento y verdad contra interpretación

¿Qué buscan realmente todos estos pensadores al construir una realidad transmundana? ¿El conocimiento de la realidad? Mentira, son unos farsantes que crean esta nueva realidad, no en respuesta a su anhelo de verdad, sino a una necesidad fisiológica mucho más mísera: el miedo. Son unos seres cobardes que viven en el autoengaño. Las ilusiones metafísicas no aumentan nuestro conocimiento del mundo, pero nos ayudan a adaptarnos a él y nos consuelan en nuestros fracasos de adaptación. **No tienen valor cognoscitivo pero tienen valor adaptativo**. Son soluciones locales para vivir más tranquilos, más confiados, de manera gregaria (la verdad nos obliga a todos y permite castigar al disidente: aquel que no comulga con el mundo metafísico).

No hay verdad porque no hay mundo verdadero-metafísico; sólo hay interpretaciones diversas, multitud de perspectivas todas ellas igualmente válidas porque ninguna responde a la verdad, sino a la singular experiencia que cada uno mantiene con la realidad mutable que se le presenta: *"El mundo (...) no tiene un sentido detrás de sí, sino innumerables sentidos (...). Son nuestras necesidades* las que interpretan el mundo" *(Fragmentos Póstumos* IV, 7 [60]).

La verdad no es el conocimiento de la realidad, es sólo la fe o la necesidad de creer en algo permanente y eterno. El ser humano no busca por naturaleza el saber; huye del peligro del devenir, del fluir constante de las cosas, del abismo de habitar en un mundo sin sentido ni racionalidad. Quien pregunta "¿qué es la verdad?", quien la busca con desesperación, está queriendo preguntar "¿dónde está el refugio anti-devenir?".

La única verdad que puede alcanzar el ser humano sin mentirse a sí mismo es la verdad de estar condenado eternamente a la no-verdad. La caverna platónica es un timo; los prisioneros liberados no han emprendido un camino de liberación mediante el acceso a la verdad, son actores en un decorado de cartón piedra que representan el papel del cobarde, del gusano bípedo incapaz de seguir viviendo en un mundo que no entiende y que huye despavorido hacia una ficción ilusoria que le permite gozar de la tranquilidad deseada. Otro tipo de seres rebosantes de fuerza, de pasión, de vida, vería con gusto lo irracional, lo pasajero y lo fugaz.

No hay hechos, sólo interpretaciones. No hay conocimiento objetivo ni verdad, sólo apreciaciones. **No tenemos medida de percepción correcta**. Toda percepción es una interpretación de quien percibe (otros seres vivos como los insectos o los pájaros captan en la realidad colores y sonidos inaccesibles para nosotros). *"No hay salida ni escape posibles; no hay acceso alguno al mundo* real. *Estamos en nuestra tela como la araña, y sólo podemos atrapar con ella justo aquello que se deja enredar en* nuestra *tela." (Aurora,* §117). Una interpretación que cuenta al menos con tres influencias subjetivas:

- **Aparato sensorial**. Las percepciones mismas son ya juicios de valor, se establecen en base a la utilidad o el perjuicio, lo agradable o lo desagradable, para el cuerpo que percibe. No hay percepción neutral, los sentidos están atravesados por una tarea selectiva e interpretativa (la psicología de la percepción avala esta tesis). Esto es válido tanto para el mundo animal como para el humano. Desde la ameba hasta el ser humano son las necesidades, impulsos y motivaciones del que observa las que condicionan previamente su percepción. Por ejemplo, si en una senda hay una zanahoria junto a un agujero, un conejo hambriento percibirá la zanahoria y puede que no perciba el agujero; pero si el mismo conejo viene huyendo de un perro, percibirá el agujero y no la zanahoria. Lo mismo sucede con la visión diferente que se tiene de una discoteca con 18 años y la que se tiene a los 40, cuando se entra para buscar al hijo extraviado. *"Sólo tenemos* sentidos *para una selección de percepciones – aquellas que nos tienen que importar para conservarnos (Fragmentos póstumos,* IV, 2 [95]).

- **Vivencias**. Lo que ya hemos experimentado; lo experimentado por nuestros antepasados y que queda en el acerbo cultural en que nos desarrollamos; lo vivido a lo largo de nuestra biografía (la percepción de fobias suele provenir de episodios infantiles); todo un cúmulo de elementos previos que condicionan la percepción.

- **Impulsos**. Pulsiones, afectos, instintos, tal como vimos en el punto anterior.

Este carácter interpretativo de lo experimentado es lo que aleja a Nietzsche del empirismo (aunque no deja de reconocerle la virtud de haber roto con la dualidad mundo verdadero / mundo aparente y de haber dignificado a los sentidos) y de su nieto el positivismo. Para estas corrientes —aunque todo nuestro conocimiento se base en la experiencia sensible— es posible la observación neutral y objetiva. Según Nietzsche no somos una *tabula rasa,* sino una *tabula plena*, un encerado lleno de signos que la biología (no la razón *a priori* como en Kant) o la evolución cultural han ido dejando en la superficie. *"No cabe ninguna duda de que todas las percepciones sensoriales están completamente impregnadas de* juicios de valor *(...)" (Fragmentos Póstumos* IV, 2 [95]).

La relevancia del planteamiento de Nietzsche estriba en que hasta ese momento ningún filósofo se había cuestionado el valor de la verdad en sí misma. Se limitaban a variar el lugar donde se esconde, pero todos creían en su existencia y en el interés humano por encontrarla. Ningún filósofo se había preguntado qué pretende el que busca la verdad, en palabras de Nietzsche, cuál es su voluntad de poder. Nadie la ligaba a una experiencia vital, sujeta al servicio de la vida. Con Nietzsche la cuestión de la verdad se plantea en términos de salud. No es la verdad o falsedad de los juicios lo que importa, sino saber *hasta qué punto el juicio sobre la verdad favorece la vida, conserva la vida*. Su filosofía se sitúa más allá de la verdad.

5.5 El perspectivismo

Conocer no es un acto en el que aparece la esencia de la cosa, su verdad, sino una valoración hecha desde una determinada perspectiva que indica lo que es útil o perjudicial para ese centro de fuerza vital que es cada individuo. **Son nuestras necesidades las que interpretan el mundo.** No hay fundamento para el conocimiento, la acción o la existencia en general del ser humano. Pero mientras las interpretaciones de una voluntad de poder fuerte favorecen la vida en la fábula del mundo, las otras la debilitan en la farsa del mundo. Lo importante no es buscar un criterio único desde el que unificar el sentido de la existencia, sino aprender a moverse sin un criterio absoluto de verdad. Experimentar la vida, vivirla en esta ambivalencia de sentido.

A pesar de señalar el carácter ilusorio de las verdades metafísicas, su carencia de verdad no equivale, para Nietzsche, a una carencia de sentido; equivale a la carencia de un único sentido. Se abren las puertas a la multitud de sentidos, cada cual creará el suyo de acuerdo a la fuerza de su voluntad de poder. El mundo metafísico no es que sea falso —pues si no hay verdad tampoco hay falsedad—; es sólo la interpretación de los enfermos, el mundo en el que necesitan creer. El error, aquello que critica Nietzsche, es que quieran hacer pasar su interpretación como la única valida para todos, que la impongan como verdad universal alejada de las circunstancias vitales que la generaron. Su verdad no es más que la imposición de un determinado universo metafórico. El "mundo verdadero" se inventa para hacer buena una sola perspectiva, pero esto implica encubrir una mentira, actuar de mala fe. No hay una única y verdadera perspectiva global, **el todo es la totalidad de las perspectivas**. El mundo posee innumerables sentidos, uno por cada perspectiva que interpreta. Dicho de forma metafórica: *"¡(...) que existan dioses, pero no Dios!" (Así habló Zaratustra,* "De tablas viejas y nuevas").

La concepción del conocimiento de Nietzsche nos ha llevado a un perspectivismo de la verdad. No hay un mundo verdadero-metafísico, sino un pluriuniverso de interpretaciones, y todas válidas. Como se dice en el *Zaratustra* ("Del espíritu de la pesadez"): *"(...) éste es* mi *bien y éste es* mi *mal: con ello ha hecho callar al topo y enano que dice: «bueno para todos, malvado para todos» (...) – no un buen gusto, no un mal gusto, pero sí* mi *gusto, del cual ya no me avergüenzo ni lo oculto"*. La perspectiva, la **pluralidad interpretativa**, permite pregonar de nuevo las diferentes experiencias vitales que todo concepto de *verdad* tiene como función recubrir.

6 MORAL, RELIGIÓN Y DEMOCRACIA

6.1 La ética de un inmoralista

"Yo soy el primer inmoralista", dirá Nietzsche en *Ecce Homo*. Breve manifiesto contra toda moral que motiva a la acción: *"hay que disparar contra la moral"*. ¿Significa esto que para Nietzsche no hay ni bien ni mal? Sí y no.

– **Sí**. Si los juicios sobre la verdad ya suponían una falsificación, mucho más los juicios morales, aquellos que razonan lo que está bien y lo que está mal. Estos juicios nada tienen que ver con la realidad, no describen nada, no se corresponden con nada, son palabras sin referente, no se les puede tomar en serio. **No hay fenómenos morales** (nada que se pueda señalar con el dedo y decir *esto es lo bueno o lo malo),* no hay nada más que una interpretación moral de los fenómenos. Todas las morales propuestas por los filósofos (a excepción del emotivismo moral de Hume, que hace depender los juicios morales de los sentimientos) son artificios inventados por la conciencia (no hace falta recordar lo que Nietzsche piensa de la conciencia) a partir del "mundo verdadero", un mundo ya artificial creado por la metafísica (ver apartado anterior). Todas defienden la razón como el lugar apropiado para elaborar normas morales, normas de comportamiento universales, eternas, a-históricas. Platón situaba el Bien como la Idea más importante del mundo inteligible; aristotélicos, epicúreos o estoicos, consideraban adecuada la prudencia de la razón para alcanzar la felicidad; hasta Kant encuentra el imperativo categórico "haz lo que debes" en la razón práctica. Como la moral busca respuestas en la razón y no en la vida, Nietzsche lanza una lucha sin tregua contra ella.

Sin embargo, él también habla de bien y de mal. ¿Cómo puede un inmoralista hablar de bien y de mal sin dejar de ser inmoralista?

– No. Con lo visto hasta ahora, podemos suponer dónde encontrará Nietzsche su bien y su mal: *"Mi tentativa de comprender los juicios morales como síntomas y lenguajes de signos en los que se delatan procesos de florecimiento o fracaso fisiológico, así como la conciencia de las condiciones de conservación y crecimiento (...)" (Fragmentos Póstumos* IV, 2 [165]).

De la misma manera que el hecho de que no haya verdad no significa que no haya verdades, que no haya bien ni mal no significa que no haya bienes y males. De nuevo, el criterio para determinar el bien y el mal está en la voluntad de poder: **lo bueno será lo que favorece la vida**, lo que contribuye a su salud, a su fortalecimiento y a su intensificación. **Lo malo será todo aquello que la degenera**, que la hace enfermar y decaer (debilidad de la voluntad, inseguridad, impotencia...). Los valores morales son aparentes comparados con los fisiológicos.

Los juicios morales son síntomas de salud: según la potencia de vida tendremos una moral u otra. ¿Cuál es el origen de los conceptos morales? Si algo me perjudica concluyo que es malo; si algo me favorece concluyo que es bueno. Por eso la pregunta que Nietzsche se hace sobre la moral no es qué es el bien o el mal. Su enfoque va más allá del bien y del mal. Su pregunta es ¿en qué condiciones se inventó el ser humano esos juicios de valor que son las palabras bueno y malo?

El inmoralismo de Nietzsche se puede entender como **naturalización de la moral**: en lugar de valores morales, valores meramente naturales. Si las morales existentes desnaturalizan la moral al oponer moral y vida, la propuesta de nuestro autor pasa por recuperar la naturalidad perdida, devolver al hombre el valor de sus instintos naturales.

Ahora bien, esta ética no tiene nada que ver con lo que hasta ahora hemos respetado como moral. Es una ética natural, producto de la vida, de los instintos, no de la razón. Tiene que ver más con la salud que con la filosofía. Por eso, aunque Nietzsche sea inmoralista, podemos también llamar a su postura moral natural o innata, en contraposición a la moral artificial, antinatural o adulterada. Su moral no proviene del yo consciente sino del cuerpo inconsciente. *"Cuanto más sano, más fuerte, más rico, fecundo, emprendedor se siente un hombre, tanto más «inmoral» será" (Fragmentos póstumos,* IV, 4 [7]).

6.2 Moral de señores, moral de esclavos

Toda moral es un artificio humano que responde al intento de asegurar el potencial de vida de que se dispone. Como vimos hay dos tipos de voluntades: una responde a una vida ascendente y la otra a una descendente, por lo que podemos establecer una jerarquía entre las morales con un criterio que tiene que ver con energías fisiológicas y no con razones morales. Aquellas morales que permiten una vida ascendente, las que permiten que la voluntad de poder se manifieste con toda su potencia, son superiores a las que obligan a una vida descendente, a una actitud negativa ante la vida. Hay dos modos contrapuestos de definir los valores de "bueno" y "malo": la definición de los individuos potentes y la de los impotentes. Llamaremos a la primera moral de señores y a la segunda moral de esclavos.

- **Moral de señores**: moral de los fuertes. Para ellos "bueno" es todo cuanto eleva al individuo. Lo que es bueno son ellos mismos. Crean sus valores sin tener en cuenta lo que hagan o digan los otros. Satisfacen sus deseos y tensan sus pasiones hasta el límite.
- **Moral de esclavos**: moral de los débiles. Para ellos la vida es demasiado dura como para digerirla y por eso sitúan la felicidad en paraísos racionales o sobrenaturales que pasan por destruir las pasiones. Resentidos fisiológicamente, roídos de rabia, crean su moral por venganza y odio ante los valores fuertes. En primer lugar conciben al malvado (el señor), señalan lo que está mal (la moral de los señores) y, sólo en segundo lugar, como contraposición, decidirán lo bueno.

¿Son los juicios de valor sobre la vida de los primeros mejores que los de los segundos? No. Como dijimos más arriba, *los juicios de valor no son verdaderos, sólo indican síntomas*. En este caso nos indican qué moral necesita el sano y qué moral necesita el enfermo; qué moral necesita el hombre superior y cuál el hombre del rebaño. Ambos generan la moral que les conviene, pero ninguno de ellos es culpable-responsable de esta generación. Los dos son inocentes en tanto que responden a la fortaleza vital que tienen. Todos somos fragmentos de fatalidad y por tanto nadie es responsable de existir, de estar hecho de este o de aquel modo, de ser más fuerte o más débil. Formamos parte de un devenir inocente y sin finalidad. Cada centro de fuerza posee su perspectiva particular, desde la cual interpreta (a su favor) y valora el mundo de acuerdo con sus peculiares intereses vitales, como aquel vegetariano que defiende con ahínco las ventajas de su dieta, porque se pone enfermo cuando come carne. *"El gusano pisado se enrosca. Eso es inteligente. Con ello reduce la probabilidad de ser pisado de nuevo. En el lenguaje de la moral:* humildad" *(Crepúsculo de los ídolos,* "Sentencias y flechas", §31). En realidad se trata de una **pugna de dos voluntades de poder, una afirmativa y otra negativa**. La voluntad de la nada frente a la voluntad de vivir.

Moral de señores
Voluntad de poder fuerte → vida ascendente → afirma activamente → carácter individual
Moral de esclavos
Voluntad de poder débil → vida descendente → afirma reactivamente → carácter gregario

6.3 La moral occidental: la conjura de los débiles contra los bien constituidos

Un estudio etimológico y genealógico de los conceptos muestra como en todas las lenguas *bueno* significa, originariamente, noble y aristocrático (no en el sentido de clase social concreta, sino en el de superior en méritos a los demás), contrapuesto a *malo* que es lo vulgar, plebeyo, simple. Estas denominaciones han sido creadas por los nobles, los señores, ya que son ellos los que tienen una voluntad capaz de valorar sus experiencias vitales.

Posteriormente, aquellos seres inservibles para determinar su bien y su mal, temerosos ante la poca confianza que da un señor creador que les ignora, realizan un motín cuyo efecto es la **transmutación de los valores**. Los hasta ahora considerados como insignificantes pasan a ser los buenos, y los superiores pasan a ser los malos. Ahora se afirma: *"Lo no distinguido es lo superior (protesta del «hombre común»). Lo antinatural es lo superior (protesta de los malparados). Lo medio es lo superior (protesta del rebaño, de los «mediocres»)" (Fragmentos póstumos*, IV, 8 [4]). Ahora es el rebaño el que impone su débil voluntad de poder. Esta transmutación de valores, el paso de la moral de los señores a la moral de los esclavos, es mucho más que decir que lo que antes era malo ahora es bueno; implica también como mínimo dos cosas:

a) **El surgimiento mismo de la moral**. Acaba de nacer la moral con mayúsculas, la cultura propia del ser humano occidental. Si antes lo bueno quedaba en el plano subjetivo y cada señor podía generar su bien y su mal, ahora los triunfadores de la revuelta obligan a compartir el criterio de bueno y malo. El mundo humano pasa a estar gobernado por normas comunes y prohibiciones rigurosas. La oportunidad de crear valores propios, de ser amo y señor de la propia vida, se ha evaporado. El aire se ha hecho irrespirable para los espíritus superiores. La moral es una carga pesada en nuestra conciencia que nos impide desarrollar y ejecutar una voluntad de poder fuerte. El nuevo significado de *bueno* se asocia a los valores de la masa: negación de uno mismo, bondad, indulgencia, benevolencia...; es decir, un esclavo resignado a obedecer unas normas que matan la capacidad de afirmar la vida. Occidente ha hecho de la debilidad virtud. "Ésta es la antinomia: *en cuanto creemos en la moral,* condenamos *la existencia" (Fragmentos Póstumos* IV, 10 [192]).

b) **El nacimiento de una cultura del resentimiento**. Los insurgentes no son creadores, nunca lo han sido. Su triunfo es un acto de resentimiento. La cultura occidental es reactiva, porque sus integrantes no actúan por sí mismos, sino como reacción de odio y envidia hacia los dominadores porque estos tienen una voluntad de poder fuerte de la que ellos carecen.

Si la guerra entre las voluntades se ha resuelto hasta ahora con la victoria de los débiles se debe a su **carácter gregario** que les permite y obliga a luchar unidos. Los señores, como creadores de vida, son siempre solitarios. Mientras el rebaño comparte un mundo moral, cada uno de los señores sólo se preocupa de su propio mundo, de su creación individual, sin mostrar interés en la comparación con los valores de los otros.

Una vez ganada la batalla el rebaño sigue ejerciendo una fuerza reactiva, nunca indiferente, sobre la actividad del espíritu libre. *"Para los que desprecian la «humanidad gregaria». Quien considere a los hombres como rebaño y huya de ellos tan deprisa como pueda, esté seguro de que éstos le perseguirán y le embestirán con sus cuernos." (Humano, demasiado humano,* II "Opiniones y sentencias varias", §233). Para que no se sobrepasen los límites impuestos por la nueva moral colectiva se trabajan las conciencias con la idea del **libre albedrío** (somos libres de poder elegir y tomar nuestras propias decisiones) con un triple objetivo:

a) Permitir que el débil crea que si no es poderoso es porque no quiere (autoengaño). Es como el cordero que observando el espléndido vuelo del águila exclama: "Yo, si no vuelo así de alto es porque no quiero, mi grandeza es impedírmelo". El cordero salva su orgullo pensando que es libre. El débil llama "no querer vengarse" a "no poder vengarse".

b) Generar sentimiento de culpa o remordimiento. Nos sentimos mal si actuamos egoístamente afirmándonos sin pensar en los otros.

c) Permitir el castigo en caso de salida del rebaño.

El triunfo del rebaño se consuma cuando consigue introducir el hastío y la miseria en la conciencia de los bien constituidos, cuando consigue que en estos nazca un sentimiento de vergüenza por su felicidad. No les han eliminado los instintos, pero les han generado **culpabilidad**. Allí donde lo vulgar impone su balido el hombre superior empieza a naufragar. El rebaño es el peligro para ese pequeño número de bien constituidos que son la excepción. *"El europeo se disfraza* con la moral *porque se ha convertido en un animal enfermo, enclenque, contrahecho, que tiene sus buenos motivos para ser «manso», porque es poco menos que un engendro, algo híbrido, débil y torpe... No la terribilidad de la fiera, sino el rebaño, con su mediocridad, su miedo y tedio de sí mismo, ha menester un disfraz moral (...)" (La gaya ciencia*, § 352).

6.4 Crítica a la moral de esclavos

La moral de esclavos es una lucha a muerte contra todos los valores de la vida. Desde ella se ha reprimido al ser humano vitalmente fuerte, sensual, independiente y dominante. Han domado a la fiera y la han convertido en fiera enferma. Han domesticado e intoxicado el deseo. Han desnaturalizado el cuerpo. Para ello han usado violentos mecanismos de imposición: el poder, la violencia, el egoísmo; fuerzas y pasiones inmorales que están ocultos en todos los valores morales. La moral, toda moral, es obra de la inmoralidad, contradicción que no le resta validez a su actuar —no hay más criterio de corrección que la voluntad de poder— pero sí al discurso con el que se trata de justificar ese actuar. Toda moral no trata de hacer el bien ni de actuar altruistamente, sino de defender un interés particular. Así pues, la ética occidental ha caído en los siguientes errores:

- **Dogmatismo moral**. Considera los valores morales como transcendentes, objetivos y absolutos. A los juicios morales se les elimina el carácter condicionado en el que crecieron, el único en el que tienen sentido, se les arranca de su suelo original, para elevarlos a un mundo ficticio de lo universal y necesario. Proclama por decreto que su norma se constituya en norma universal. Quiere a todos los humanos limitados, como animales de rebaño. Olvida que los valores morales de Occidente no son universales, sólo son una posibilidad más de valorar el mundo, la opción de un tipo de hombres con una salud determinada. Otras perspectivas son igualmente posibles, como lo demuestra la historia (por ejemplo la ley espartana mataba a los bebés que no nacían sanos).
- **Antivitalismo**. Las normas morales van en contra de las tendencias básicas de la vida. La moral es la peculiaridad de un ser decadente con la intención oculta de vengarse de la vida. *"La moral aparece como lo que es, como una auténtica envenenadora y calumniadora de la vida" (Crepúsculo de los ídolos*. "Los cuatro grandes errores"). Basta con mirar un león en un circo para ver que en el proceso de doma el ani-

mal inicial queda irreconocible. Pasa de ser un león sano, con los instintos naturales que le son propios, a un león enfermo, con los instintos degenerados: un engendro irreconocible. ¿Quién puede tener interés en tal enorme atropello? El que teme al león. El que teme al hombre superior porque no puede hacerle frente y porque su propia vida peligra ante él. El hombre dócil, el animal doméstico, la oveja o la gallina que pueden ser devorados por sus fauces; de ahí su intento de domarlo. *"Modesto, laborioso, benévolo, moderado, lleno de paz y de amabilidad: ¿así queréis al ser humano? ¿así os imagináis al ser humano* bueno*? Pero lo que con ello alcanzáis es sólo (...) la «oveja de Cristo», el socialista perfecto..." (Fragmentos Póstumos* IV, 16 [13]).

- **Intelectualismo**. La idea de que el conocimiento lleva a la virtud (razón = virtud = felicidad), impuesta en la cultura europea desde los tiempos de Sócrates. El sabio, el que da primacía a su parte racional y sofoca su parte pasional e instintiva, es el modelo ideal de humano. De nuevo confunde una perspectiva con la verdad.

6.5 La religión

Lo dicho sobre la moral sirve, aumentado, para la religión. *"El ámbito entero de la moral y la religión cae bajo este concepto de las causas imaginarias" (Crepúsculo de los ídolos,* "Los cuatro grandes errores"). Si la moral situaba a la razón por encima del instinto, el mundo verdadero sobre el aparente, la religión sitúa sobre la razón y el mundo verdadero un mundo sobrenatural. Dos losas para sepultar el instinto y el devenir.

La religión va unida al concepto de Dios, y **Dios representa una renuncia a la vida**, un desprecio a la vida. El origen de las religiones y de los dioses es una gran dolencia de la voluntad. Cuando un ser humano es incapaz de mandar sobre sí mismo, cuando es incapaz de activar en toda su potencia la voluntad de poder, cuando llega a adquirir la convicción profunda de que es menester que sea mandado, se vuelve creyente. Los creyentes inventan su criatura (pues necesitan obedecer) y luego le rinden culto. Ser un creyente es un síntoma de decadencia, debilidad y desintegración de una voluntad de poder. *"Dios es una respuesta burda, una indelicadeza contra nosotros los pensadores (...) ¡El concepto «Dios» inventado como concepto antitético de la vida (...)!" (Ecce Homo,* "Por qué soy yo tan inteligente"). **No hay necesidad de Dios**. Sólo algunos lo necesitan, pues sin él no podrían soportar la existencia. Dios es un ejemplo claro de falacia de las consecuencias adversas: dadas las consecuencias adversas para su vida que se derivarían de la no existencia de Dios, afirman dicha existencia. Las mentes religiosas, prefieren la fe que calma, las ficciones tranquilizadoras, a enfrentarse con la realidad, a convivir con la tragedia del mundo. La religión, una vez constituida, enferma al hombre: si está sano lo convierte en enfermo; si ya está enfermo en moribundo.

Antes de continuar habría que distinguir algunas religiones de otras, pues no todas tienen para Nietzsche la misma valoración. La más apreciada es la pagana. El paganismo es politeísta, tiene muchos dioses, uno para cada necesidad, y ninguno de ellos niega a los demás. Permite una creación poética del universo sin mundos metafísicos. No infravalora lo humano ante lo divino. No niega la multiplicidad de impulsos vitales.

Es en Grecia donde, según Nietzsche, la religión mejor escenifica el hervidero de pasiones humanas. *"Nosotros creemos en el Olimpo — y no en el «Crucificado»..." (Fragmentos Póstumos* IV, 16 [16]). Los griegos divinizan todos los instintos humanos fundamentales: guerra (Ares), sexualidad (Dionisos), belleza (Afrodita)..., y su calendario festivo celebra estas pasiones. Sus dioses no sólo no atemorizan a los humanos, sino que se interrelacionan con ellos (el héroe es el fruto de una relación carnal entre Dios y humano). Al igual que los humanos, tienen grandes pasiones y, en ocasiones, también sucumben ante ellas. *"«Sólo si te arrepientes, Dios será misericordioso contigo» – eso sería para un griego motivo de burla y de escándalo: diría él: «así sentirán los esclavos»" (La gaya ciencia,* §135).

Las más denostadas son las religiones monoteístas (cristianismo, islamismo, judaísmo, budismo...). El monoteísmo es el monopolio del Dios único, una doctrina rígida que sólo permite un orden. Destierra lo natural y lo sustituye por lo sobrenatural, un mundo completo de antimateria desde el cual juzga y condena el de aquí y ahora. Estas religiones son enemigas de la tierra, de la vida, de las pasiones. El nuevo Dios verdadero transfiere las pasiones negativas a los demonios, las arroja a los infiernos y convierte al ser humano en pobre pecador. El monoteísmo es una religión ligada a la pulsión de muerte, quiere la muerte, goza de la muerte. Por eso desea que los seres humanos mueran dos veces: en vida, negándoles sus pasiones, y con la muerte biológica, esperada con ansia para alcanzar la nada celestial. Todas ellas crean una casta sacerdotal en la cúspide que controla e impide la soberanía de los súbditos, convertidos en esclavos de Dios (lo más alejado posible al ideal del ser humano con una fuerte voluntad de poder).

Nietzsche distingue, por su relación con la voluntad de poder, dos tipos diferentes de religión:

a) Religiones afirmativas: antiguo testamento, Código Manú, Islam.
b) Religiones negativas: judaísmo, cristianismo, budismo.

Puestos a elegir —aunque mejor no elegir ninguna— las **afirmativas** son mejor valoradas, pues respetan más la vitalidad natural, no malogran lo superior y crean una atmósfera respirable para ellos. Son el fruto de la experiencia de la historia de la humanidad, no crean nada que no haya sucedido a nuestro lado. El Dios del antiguo testamento, Yahvé, golpea, mata, aniquila, masacra (Sodoma y Gomorra), bendice la guerra y a los que la hacen... nada que ver con la conversión del Jesús humillado del cristianismo. Sin embargo, convierten lo que es la legalidad natural —la separación de los fuertes de los mediocres— en verdad revelada, en norma instituida por Dios. Lo que es patrimonio de la naturaleza pasa a ser patrimonio de la voluntad de Yahvé, Manú o el dios de turno. A partir de esta reconversión, la voluntad de poder del individuo queda negada ante Dios y, con la ayuda de la ralea sacerdotal vigilante, reducen los móviles humanos al miedo al castigo y a la esperanza de recompensa divina. Los creyentes se olvidan de sí mismos, obran para mayor gloria de Dios.

Las religiones **negativas** son ejemplos extremos de la moral de esclavos. No entraremos a analizar las relaciones entre las diversas religiones negativas. Nos centraremos en el cristianismo porque es la determinante en la historia de la cultura occidental y a la que nuestro autor dedica más reflexión. En cualquier caso, Nietzsche no confía en ninguna religión, pues frente a los dioses externos, proclama el privilegio de ser Dios uno mismo. *"El ateísmo yo no lo conozco en absoluto como un resultado, aun menos como un acontecimiento: en mí se da por supuesto, instintivamente." (Ecce Homo,* "Por qué soy yo tan inteligente"); es decir, **el ateísmo es el instinto del hombre fuerte. La religión, el instinto del débil.**

6.6 Moral cristiana

Será con el cristianismo cuando la moral de los esclavos se manifieste de forma clara en Occidente. El cristianismo, una religión construida intelectualmente a partir de la filosofía platónica, es la acentuación de la decadencia fisiológica. Culminará la tarea básica de debilitación y deformación del hombre moderno iniciada por Sócrates. **El cristianismo es la religión de los débiles**, de los malogrados, de los insatisfechos, oprimidos y mediocres de todo tipo. El mismo Jesús dedica su Sermón de la Montaña a los pobres de espíritu, los mansos, los que lloran, los misericordiosos... Para Nietzsche surge del instinto de protección de una vida que degenera, expresa una carencia, una fisiología enfermiza: *"(...) uno no se «convierte» al cristianismo, – hay que estar suficientemente enfermo para ello..." (El Anticristo,* §51). Lo que se conoce como ideal ascético: autosacrificio, humillación, castidad, humildad, compasión, sumisión, esperanza en el más allá, son los valores propios de una humanidad débil y decadente. Con su triunfo Occidente ha seleccionado un tipo de ser humano miedoso, un rebaño dócil, deprimido y fácil de conducir por la casta sacerdotal. Para Nietzsche el cristiano es aquel gusano reventado por la suela de un zapato que, mientras se retuerce entre el líquido de las tripas, en vez de lanzar diatribas contra la suela todavía le da las gracias.

Los mansos cristianos son resentidos inteligentes, deliciosos corderillos que van pacientemente desplumando lo superior. Van generando en su mente sentimientos de culpa, remordimiento y pecado hasta conseguir que oculten y se avergüencen de su superioridad. De *baba venenosa*, exponen su sensualidad deteriorada y empobrecida como pureza de corazón. Su compasión no es más que una intromisión en el alma ajena para privar al prójimo de una felicidad que sólo puede alcanzarse afrontando dignamente el sufrimiento personal. Susurran que la debilidad es mérito, predican que el temor es humildad, a la sumisión la llaman obediencia, a la cobardía paciencia y al no-poder-vengarse, perdón. Pero en realidad son animales de venganza y de odio, sólo que saben disfrazarlo. De vez en cuando de su boca salen frases que firmaría el mismo Nietzsche: "*No he venido a traer la paz, sino la espada*" (Mt. 10,34). Si se les da la oportunidad torturan, queman, violan y matan sin compasión alguna (una paseo por la historia es suficiente demostración). Si no tienen oportunidad, cobardes como son, desvían su venganza al más allá, y una vez muerto el fuerte, ya sin voluntad de poder, lo castigan al fuego eterno del infierno, donde será torturado sin compasión alguna. La compasión predicada es la manifestación del instinto gregario y sólo se practica dentro del grupo. "*(...) hacia el exterior el rebaño es* hostil, egoísta, despiadado, *pleno de avidez de poder, de desconfianza, etc.*" *(Fragmentos Póstumos* IV, 9 [85]). El resentimiento y el odio cristiano se manifiestan en lo que ellos denominan los tres enemigos del alma: el mundo, el demonio (el deseo, el instinto) y la carne (el cuerpo).

- **Odio a este mundo.** El cristianismo ha hecho de la Tierra una terrible morada. Tras su relato de la culpa originaria (la manzana de Eva) todo el mundo quedó convertido en un valle de lágrimas. La vida en la Tierra, sudor y lágrimas, sólo es un mero tránsito hacia la otra vida. El más allá, el paraíso celestial, se nos ofrece como un antimundo deseable y apetecible, pero sólo alcanzable al precio de renunciar a vivir con plenitud, ejerciendo nuestra voluntad de poder, en la Tierra. El evangelio de San Juan lo resume así: "*El que ama su vida, la pierde; pero el que aborrece su vida en este mundo, la guardará para la vida eter-*

na" (Juan, 12, 25). Al cristianismo le es necesario fingir un transmundo (el cielo) donde encuentren recompensa los que han despreciado y negado el mundo, y otro transmundo (el infierno) para castigar a los que se han negado a la renuncia. Sólo así su moral resulta soportable. *"(...) la Iglesia envía al infierno a todas las «grandes personas» —, ella lucha* contra *toda «grandeza del ser humano»..." (Fragmentos Póstumos* IV, 11 [153]).

- **Odio a la vida**. El cristianismo propone como virtud cardinal reprimir la vitalidad: castidad, ayuno, sacrificio, resignación, humildad, mansedumbre... Anular, si fuera posible, los instintos, deseos y pasiones. Los sentimientos de placer intenso: orgullo, arrogancia, audacia, erotismo... se convierten en pecado. Su método recuerda al del dentista que extrae una muela de raíz para calmar el dolor, *"sin embargo, hay una diferencia: el dentista logra al menos su propósito de eliminar el dolor al enfermo, aunque lo haga de una forma tan bárbara y ridícula, mientras que el cristiano que obedece semejante precepto y que cree haber vencido su sexualidad* [lo mismo valdría para el resto de instintos vitales] *se equivoca, pues ésta sigue existiendo de una forma misteriosa y vampírica, y le tortura bajo repugnantes disfraces" (El caminante y su sombra,* §83).

  Pero la vida es más tozuda que la moral cristiana y lo que ésta echa a patadas por la puerta, regresa por la ventana. Eso sí, en el proceso ha perdido su inocencia y se ha convertido en vicio. El instinto natural ha dejado de servir a las fuerzas que afirman la vida, para convertirse en un engendro peligroso, en una deformación patológica que debilita las fuerzas vitales. Tras la sotana y las túnicas se esconden oscuras pasiones que, convertidas en vicio, ni siquiera sirven para enaltecer la vida, sino para atormentarla: *"El cristianismo dio de beber veneno a Eros: – éste, ciertamente, no murió, pero degeneró convirtiéndose en vicio." (Más allá del bien y del mal,* 1, §168).

  El cristiano, lleno de sentimiento de culpa por todo lo que hace, califica de pecado todo lo que es instinto vital, inocencia de los sentidos. El libre albedrío que ya utilizaba la moral, es ahora indispensable para justificar el castigo al pecador. Paradoja del cristianismo: Dios nos hace libres para ser sus esclavos. Se nos da la libertad y se nos castiga cuando la ejercitamos. El consumo de la fruta prohibida cometido en el Edén, la desobediencia, es consecuencia de un acto voluntario, por lo tanto merecedor de reproches y castigos.

- **Odio al cuerpo**. Si Platón devaluó el cuerpo por pertenecer al mundo sensible y dificultar el acceso al mundo inteligible, el cristianismo acrecentará esa devaluación convirtiéndola en aversión y fobia. El

motivo: el cuerpo humano es el poseedor de los instintos vitales. Todo lo que emana del cuerpo es sospechoso de pecado. El cuerpo es impuro y merece nuestro desprecio, descuido y mortificación. La gula castiga el placer de comer; el pecado original es culpa del sexo (según San Agustín se transmite desde el nacimiento en el vientre de la madre a través del esperma del padre), su práctica gozosa se convierte en lujuria... *"Solo el cristianismo, que se basa en el resentimiento contra la vida, ha hecho de la sexualidad algo impuro: ha arrojado basura sobre el comienzo, sobre el presupuesto de nuestra vida" (Crepúsculo de los ídolos*, "Lo que yo debo a los antiguos").
El cristiano castiga físicamente su cuerpo y lo esclaviza por razones religiosas. Un dolor gratuito que no sirve para fortalecer la voluntad de poder (como, por ejemplo, el sacrificio de un atleta) sino para manifestar el odio hacia el propio cuerpo (duchas frías, peregrinos con rodillas sangrantes, procesiones azotándose las espaldas con látigos de siete colas, crucifixiones con corona de espinas al estilo de Cristo...). El arquetipo cristiano es el Ángel, un ser sin cuerpo sin deseos ni líbido, que no conoce el hambre y la sed, carente de cualquier placer sensual. *"¡El concepto «alma», «espíritu», y por fin incluso «alma inmortal», inventado para despreciar el cuerpo, para hacerlo enfermar —hacerlo «santo»—, para contraponer una ligereza horripilante a todas las cosas que merecen seriedad en la vida, a las cuestiones de alimentación, vivienda, dieta espiritual, tratamiento de los enfermos, limpieza, clima! ¡En lugar de la salud, la «salvación del alma» (...)!" (Ecce Homo,* "Por qué soy yo un destino").

El papel fundamental del cristianismo recae en **el sacerdote**, un extraño animal rapaz que sitúa su felicidad en el dominio sobre los enfermos. **Un enfermo que cuida de enfermos**. Emparentado con sus pacientes desheredados, lo que le posibilita entenderlos, tiene una voluntad superior (más fortaleza, más autodominio) que le permite obtener su confianza. Para ello no duda en otorgarse el cargo de intermediario legítimo entre Dios y los otros, en cierto sentido se diviniza. Como los creyentes no son capaces por sí mismos de discernir entre el bien y el mal y necesitan saber los designios de Dios, el sacerdote asegura su dominio gracias a la responsabilidad de su cargo.

El médico-pastor dirige la sed de venganza del sufriente hacia sí mismo, haciéndole creer a cada ovejita de su rebaño que es ella la culpable. Introduce los conceptos de culpa, pecado, compasión en cada creyente para volverlo inofensivo, para evitar que su resentimiento lleve a la destrucción de todo el rebaño. Reorientando el sentimiento hacia el enfermo, interiorizada la culpa, no provoca en absoluto su curación desde el punto de vista fisiológico, pero organiza a los pacientes y les permite convivir de forma pacífica. Este sistema pone al enfermo más enfermo, calma el dolor, pero envenena la herida. **El enfermo se convierte en pecador** (sentimiento de culpa) y la idea de estar en deuda con Dios se convierte para él en instrumento de tortura. Empieza el proceso de autocompadecimiento, remordimiento, confesión, castigo, perdón; es decir, tremenda humillación. En lugar de mejorarlo, el sacerdote lo domestica, debilita, postra, ablanda, castra. El resultado: un hombre *"(...) convertido en una caricatura del ser humano, enfermo, miserable, malévolo contra sí mismo, lleno de odio contra los impulsos vitales, lleno de desconfianza hacia todo lo que hay de hermoso y de feliz en la vida, una miseria ambulante (...)" (Fragmentos Póstumos* IV, 15 [73]).

6.7 La democracia

La democracia es un cristianismo sin Dios. Mantiene los mismos valores del cristianismo secularizados, sin necesidad de justificarlos en la idea de Dios. Sigue creyendo en unas reglas morales universales. Vierte vino viejo en odres nuevos. Crea nuevos ídolos que reemplazan al viejo Dios: Razón, Humanidad, Ciencia, Ciudadanía, Derechos humanos (en nuestros días)... Sigue siendo una **moral de los débiles**, de la decadencia, de seres humanos domesticados. Mengua, que no desaparece, el odio al cuerpo, pero aumenta el **odio a lo superior**. Nivelan todo lo humano y, obviamente, nivelan a la baja, pues es más fácil que un alumno de sobresaliente saque un 5 que no al contrario. La democracia significa la no creencia en hombres superiores.

- **Crítica a la igualdad**. Para Nietzsche el concepto de igualdad es contrario al deseo de marcar diferencias que exige el carácter afirmativo de la voluntad de poder. La igualdad, lejos de ser un valor universal, es sólo un interés particular de los inferiores; pues sólo a ellos les interesa ocultarse en la masa para no mostrar sus carencias. Los superiores no tienen ningún interés en ser iguales, no sienten ningún rubor en ser distintos. **La igualdad es el refugio de la mediocridad**, el tonto gana igualándose al listo; el listo no. La jerarquía natural es propia de la vida; la igualdad significa una lucha contra la vida. Cuando Nietzsche habla de jerarquía natural no habla de jerarquías artificiales impuestas por razones políticas o económicas, sino de aquella que salta sin forzar nada y que realizamos cotidianamente entre todos nosotros cuando seleccionamos a las mejores personas para cualquier actividad. La profundidad con que uno puede sufrir puede ser, por ejemplo, un criterio para determinar jerarquías naturales: *"La injusticia no está nunca en los derechos desiguales, sino en el reclamar derechos «iguales»..."* (*El Anticristo*, §57).

- **Crítica a la dignidad.** La dignidad y la libertad no son ningún derecho de nacimiento, son una conquista. Sólo quien merece esta dignidad, quien esté a la altura de las circunstancias, quien sea capaz de ser digno, tiene derecho a mantenerla; a quien no la merezca, al siervo, a quien prefiere obedecer, a quien le da vértigo la soledad de la superioridad, no hay que darle ninguna dignidad; porque **la dignidad no se da, se conquista**. La sociedad democrática atribuye la dignidad humana a todos, independientemente de lo que cada uno haya hecho con su vida. La crítica de Nietzsche recuerda que no hay una naturaleza humana universal que otorgue *per se* al ser humano su dignidad, sino que ésta es algo que sólo se puede alcanzar mediante el trabajo para con uno mismo, mediante el impulso de la voluntad de poder. Quien no la consiga así, ni la poseerá ni tampoco hay que regalársela.

Conceptos como *justicia, ley, solidaridad, virtud, tolerancia,* son sólo la manera que tienen los resentidos de la vida de legitimar su moral y defenderse de los espíritus nobles. El Estado democrático, con su orientación hacia el bienestar general, la justicia equitativa, la protección de los débiles, etc., impide la posibilidad de desarrollo de grandes personalidades que incrementan la vida. La mayoría (los desheredados y los mediocres) se pone en guardia permanente contra los más fuertes tratando de destruirlos en su desarrollo. No olvidemos que para Nietzsche lo importante no es la felicidad y el avance del mayor número, sino el triunfo de la vida. Solidarizarse con la mayoría no es ninguna aportación a la vida, es la pérdida de energías vitales de un ser humano superior en una tarea inútil, pues quien ha nacido para esclavo nunca podrá ser libre. El altruismo útil sería orientar la humanidad para conseguir el florecimiento de una especie humana más fuerte. El perfeccionamiento radica en la producción de individuos más poderosos, no en el bienestar general. Detener la ruina de la especie exige el sacrificio del débil, del malparado. *"La perspectiva suprema de la tierra debería ser que los enfermos no hagan enfermar a los sanos... lo superior no puede servir de instrumento a lo inferior... la prioridad de la campana que suena plenamente sobre la campana rota que tiene un sonido cascado es, efectivamente, un derecho y una preferencia mil veces mayor: ellos y sólo ellos, son la garantía del futuro, sólo ellos los «responsables» del futuro del hombre. Lo que ellos pueden y deben hacer nunca podrían ni deberían hacerlo los enfermos"* (*La genealogía de la moral*, 3, §14).

Los valores morales desde el prisma de Nietzsche

Valores Morales	Lectura de Nietzsche
Humildad	Miedo, mediocridad
Paciencia	Cobardía
Modestia	Incapacidad para habitar en las alturas
Obediencia	Sumisión
Amor a la humanidad	Ventajas a todo lo mal nacido
Lealtad	Mejor someterse que reaccionar
Confianza / veracidad	Miedo a la tensión, al conflicto
Abnegación / resignación	Incapacidad para derivar de sí mismo un fin
Indulgencia	Incapacidad para ejercer el poder
Comprensión	Incapacidad para afirmarse frente al otro
Altruismo / generosidad	Necesidad del rebaño. Instinto gregario
Valores Religiosos	
Castidad	Sexualidad atrofiada
Los diez mandamientos	Estupidez impracticable
Mansedumbre	Resentimiento inteligente
Perdón	Incapacidad para vengarse
Compasión	Intromisión en el alma ajena
Autocompasión	Falta de vigor
Pureza de corazón	Sensualidad deteriorada
Remordimiento de conciencia	El carácter no está a la altura de lo hecho
Valores Democráticos	
Justicia	Venganza del rebaño
Igualdad	Mediocridad
Respeto	Temor a ejercer el derecho a juzgar
Tolerancia	Incapacidad para el sí y el no
Solidaridad	Egoísmo de los débiles. Dependencia

7 EL NIHILISMO, LA MUERTE DE DIOS Y EL SUPERHOMBRE

7.1 El nihilismo pasivo

Como ya hemos visto, los valores creados por esta cultura hacen referencia a un mundo engañoso y, llegado el momento en que se descubra el pastel, se acabará la farsa, se romperá la ilusión. La cultura occidental no podrá salvarse cuando se sepa engañada y comprenda que sus *logos* eran mitos. En ese instante se encontrará vacía de sentido, sin meta, sin porqué. Nos encontraremos en una travesía del desierto sin oasis. Sujetos indiferentes, apáticos, aburridos, de débil voluntad, sin capacidad creadora, invadirán la Tierra. Gentes que ni hacen, ni esperan, ni tienen, ni son; sólo sirven para morirse y no se mueren. *"A algunos el vivir se les malogra: un gusano venenoso les roe el corazón. Por ello, cuiden tanto más de que no se les malogre el morir." (Así habló Zaratustra,* "De la muerte libre"). **Desvalorización de los grandes valores tradicionales**, todo estará perdido, todo invadido por el pesimismo. La sociedad decadente está aquí al lado. La cultura occidental está enferma y esta enfermedad tiene un nombre: nihilismo.

El nihilismo (*nihil* = nada) es la profecía que Nietzsche lanza sobre el futuro de Occidente. Es el resultado final de la lógica de nuestros grandes valores e ideales. El rostro (no la causa) de una decadencia fisiológica. La civilización ha entrado en un profundo declive, se ha convertido en una civilización improductiva y doliente, fatigada de la vida. El remedio escogido por Occidente para sanar al enfermo —amansar a las fieras— ha acelerado el agotamiento. La lucha que la especie inferior ha desarrollado durante siglos contra la superior provoca que incluso los raros ejemplares de ésta pierdan la seguridad en sí mismos y se conviertan en nihilistas. El nihilismo pasivo deja huérfana de sentido a toda una cultura, incapaz ya de generar individuos creadores. *"Viene el tiempo en que será necesario pagar por haber sido cristianos durante dos milenios: perderemos el centro de gravedad que nos permitía vivir, – no sabremos por un tiempo ni por dónde salir ni hacia dónde ir" (Fragmentos Póstumos* IV, 11 [148]).

MOMENTOS ESTELARES DE LA HISTORIA DE OCCIDENTE			
Creación del trasmundo	Instalación de Dios en el trasmundo	Trasmundo cristiano sin Dios	Muerte de Dios Decadencia occidental
Platonismo →	**Cristianismo** →	**Modernidad ilustrada** →	**Nihilismo** →

7.2 El nihilismo activo. La muerte de Dios

Frente al nihilismo pasivo ya instalado en la cultura europea, reacciona Nietzsche con un nihilismo activo. En su propuesta los viejos valores no se hunden por sí mismos, sino que son hundidos por la voluntad de poder que dice no a esos valores. Una vez finalizada su tarea de derribo, libre de las excrecencias cristianas y de los dioses menores de la razón moderna, el ser humano fuerte estará en condiciones de crear nuevos valores desde sus vísceras, desde el cuerpo y el instinto. En el lenguaje darwiniano de la época, Nietszche afirma que el hombre es un puente entre el mono y el superhombre; es decir, el hombre surgido de la cultura occidental, defensor de valores humanistas propios de una tradición cristiana, ha de ser superado para alcanzar un nuevo ser diferente al humano actual, cargado de potencia.

Para explicar el tránsito del nihilismo pasivo al superhombre utiliza la metáfora de la triple metamorfosis. En primer lugar nos encontramos al *camello*, símbolo de obediencia ciega, el que se arrodilla ante su amo, ejemplo de sacrificio y de humillación. Es el cristiano que carga resignadamente con su cruz durante toda la vida y el ser humano occidental capaz de soportar las obligaciones sociales por pura tradición y con abnegado sentido del deber. Es el que ha llevado a Occidente hacia el nihilismo pasivo. Ha de ser eliminado y para eso el camello habrá de transformarse en león.

El *león* es el gran negador, el crítico, el destructor. A él le corresponde derrumbar los cimientos de la cultura occidental; él será el encargado de anunciar al mundo la muerte de Dios: "*¡Dios ha muerto! ¡Dios sigue muerto! ¡Y nosotros lo hemos matado!*" (*La gaya Ciencia*, §125). El león simboliza el nihilismo activo que acaba con Dios y todos sus sucedáneos. "*Alguna vez tiene que llegar ese hombre del futuro que nos librará del ideal existente hasta hoy, así como de lo que hubo de surgir de él, del gran asco, de la voluntad de la nada, del nihilismo; ese hombre será la campanada del mediodía, de la gran decisión, que nuevamente liberará la voluntad, que devolverá su objetivo a la tierra y su esperanza al hombre; ese hombre será el Anticristo, el antinihilista, el vencedor de Dios y de la nada…*" (*La genealogía de la moral*, 2, §24).

Estatua en la plaza Holzmarkt de Naumburg, junto a la casa materna.

Matar a Dios es matar al Dios cristiano, al ente metafísico creado por los hombres para vencer el miedo ante lo experimentado. Pero es también eliminar toda instancia absoluta propia de un mundo metafísico; es matar la Razón, la Verdad, el ideal ascético, las costumbres burguesas... **La muerte de Dios es la muerte de una cultura.**

El león, el asesino de Dios, pretende conquistar su libertad, pero aún no es capaz de crear nuevos valores, pues está dominado por la venganza. Sabe de qué quiere ser libre, pero no sabe para qué quiere ser libre. Está lleno de odio hacia el camello y todo su pensamiento se dirige a devorarlo. Es necesario que el león se ría, precisamos una nueva metamorfosis.

7.3 El tránsito hacia el superhombre

La proclama de la muerte de Dios en las postrimerías del siglo XIX no suponía ya ninguna novedad. Entre las personas cultas, a quienes Nietzsche se dirige, la religión era ya, por lo general, algo superfluo. La biología se halla en pleno avance y el darwinismo (junto al positivismo) hacen que, aunque se siga pensando más allá del humano, no sea hacia lo alto, sino hacia abajo. En vez de Dios, el tema es ahora el mono. El mérito de nuestro autor estriba en percibir plenamente la erosión social (popular) de la fe y del proceso de nihilismo que la sustituye. Pero realmente, lo que le hace original es el vincular este diagnóstico al concepto de superhombre y elaborar una alternativa al fracaso, ya asumido, de la cultura occidental.

Una vez hemos matado a Dios es el momento de la nueva valoración sobre la vida. Es la esperanza de la gran aurora. Ahora ya podemos convertirnos nosotros mismos en dioses y construir mundos a nuestra imagen y semejanza. "*En efecto, los filósofos y «espíritus libres», al enterarnos de que «ha muerto el viejo Dios», nos sentimos como iluminados por una aurora nueva; con el corazón henchido de gratitud, maravilla, presentimiento y expectación – por fin el horizonte se nos aparece otra vez libre, aunque no esté aclarado, por fin nuestras naves pueden otra vez zarpar, desafiando cualquier peligro, toda aventura del cognoscente está otra vez permitida, el mar,* nuestro *mar, está otra vez abierto, tal vez no haya habido jamás* mar tan abierto." (*La Gaya Ciencia,* §343).

Ni desencantamiento, ni desengaño; muerto Dios nos consagramos en el más acá. Pero para esta labor el adecuado no es el león sino el niño.

7.4 ¿Quién es el superhombre?

El *niño* es el último paso de la metamorfosis. Representa al ser libre que no lucha ya contra nada, sino que disfruta su propia existencia. Él sí que es capaz de crear porque sus cualidades —la inocencia, la falta de prejuicios, el tomarse todas las cosas como un juego, la falta de perversión— se lo permiten: "*Pero decidme, hermanos míos, ¿qué es capaz de hacer el niño que ni siquiera el león ha podido hacer? (...) Inocencia es el niño, y olvido, un nuevo comienzo, un juego, una rueda que se mueve por sí misma, un primer movimiento, un santo decir sí.*" (*Así habló Zaratustra,* "De las tres transformaciones"). Su modo de vida es una existencia lúdica, entregada al azar y al destino: ni se arrepiente de nada (carece de sentimiento de culpa) ni espera nada del futuro. Vive para jugar (jugar no es antónimo de seriedad, sino de aburrimiento) y es libre, pues en el juego se disuelve la moral. Aquel que juega nunca lo hace por deber, sólo quiere jugar, ninguna otra finalidad le hace intermediario de su acción: *"«el juego», lo inútil, como ideal de lo colmado de fuerza, como «infantil»" (Fragmentos Póstumos* IV, 2 [130]).

La metáfora del niño nos lleva al superhombre; aunque más que superhombre (podemos confundirlo con algún héroe de cómic americano) siempre es preferible utilizar el original alemán *Übermensch*. *Übermensch* **es el suprahumano**, el que va más allá de lo que hasta ahora los occidentales han llamado humano. Con él llegamos al proyecto de futuro de Nietzsche, pues el superhombre, más que una realidad ya dada, es un **proyecto posible**. Como está por hacer y es un creador de valores, pocas características comunes (la creatividad da lugar a diferencias) concretas se pueden decir de él; como mucho el esqueleto óseo que permita diferenciarlo del hombre cercano a la chusma.

En primer lugar habrá que distinguirlo del triunfador típico de las películas americanas, pues éste no crea sus propios valores sino que triunfa con unos valores sociales ya establecidos. No es creador, es trepador por árboles ajenos.

En segundo lugar, en relación a la teoría ya expuesta, su modo de hacer se corresponde con el siguiente esquema:

Superhombre	Moral	→	Moral de señores
	Conocimiento	→	Perspectivismo
	Voluntad de poder	→	Potencia máxima

El *Übermensch* es poderoso porque sólo se debe a sí mismo; es producto de su propia creación. Engendra sentidos y transvalora sin quedarse sin valores. Es un perspectivista lúdico y un artista de la vida: *"(...) enorme y desbordante seguridad y salud (...) acceso a muchos y contrapuestos modos de pensar (...) exceso de fuerzas plásticas (...) que le da al espíritu el peligroso privilegio de poder vivir en la tentativa y ofrecerse a la aventura (...)" (Humano, demasiado humano,* I, §4). Camina ignorando su destino, sin fin último, sin descanso, haciendo experimentos consigo mismo, aumentando su sentimiento de potencia. Alegre, sin resentimientos, sin exigir nada a los otros (le son indiferentes), sin miedo al azar, sin temor a lo terrible y a lo ambiguo, libre de toda convicción. Es el hombre de la superabundancia que sabe organizar el caos que habita en su interior como una *estrella danzante* y sabe moverse en el caos exterior sin sucumbir a él. *"Espíritus robustecidos por guerras y victorias, que necesiten imperiosamente la conquista, la aventura, el peligro y hasta el dolor" (La genealogía de la moral,* 2, §24).

Ser humano intuitivo, pasional, con capacidad para utilizar el dolor como trampolín de la voluntad, es un héroe trágico. *"El anhelo de* destrucción, *cambio, devenir, puede ser expresión de fuerza pletórica, preñada de futuro (...)" (La gaya ciencia,* § 370). Orgulloso, veleidoso, frío ante los sufrimientos humanos, sin compasión ni misericordia, sólo interesado en trabajar su propia autoelevación, poca piedad y mansedumbre puede generar. No es un santo, no es bueno sino fuerte, lo suficientemente fuerte (incluso cruel) para poder vivir a cada instante su voluntad de poder con todas sus contradicciones. Puede ser tanto una bestia que se concede el derecho de aniquilar a cualquier extraño que no esté a su altura, como una *virtud que hace regalos*; siempre y cuando ambos procederes sean una consecuencia necesaria de la autoafirmación, no de un imperativo moral. *"Para toda especie de ser humano que sea fuerte y se haya mantenido natural, están interrelacionados el amor y el odio, la gratitud y la venganza, la bondad y la cólera, hacer-sí y hacer-no" (Fragmentos Póstumos* IV, 15 [113]). No es un Narciso enamorado sólo de sí mismo (necesita de la insatisfacción para poder crecer); tampoco es un revolucionario que dote de sentido ejemplar a la historia: es el ser humano que se libera y crea su propia valoración del mundo dentro de un entramado de micropoderes. La dureza, el hielo, las alturas, la soledad... son los términos que caracterizan el camino del creador.

Hay, pues, un camino de liberación para habitar en un mundo distinto al vivido hasta ahora. Se trata, por supuesto, de una liberación individual, de una autoterapia; nada tiene que ver con un cambio social ni con la solidaridad. **La liberación consiste en la recuperación del sentimiento de potencia**. Liberarse de la mala conciencia y de la culpa y conseguir así gozar de nuevo, sin cortapisas, de nuestra voluntad creadora de valores. Hay que entender esta liberación como una conquista, no es una fuerza inmediata que brote como el magma de un volcán sin necesidad de apoderarse de ella. No es algo que nos venga dado ya en su origen; es el resultado de un proceso al que no todos están llamados. Hay muchos que serían incapaces de habitar en las alturas, en el abismo, en un mundo donde todo es diferente, y hacen bien quedándose en el remanso pastando junto al rebaño y balando los valores compartidos: *"(...) ¡Y un derecho que puedas robar no debes permitir que te lo den! (...) ¡El que no puede mandarse a sí mismo debe obedecer! (...) ¡lo mejor debe dominar, lo mejor* quiere *también dominar!" (Así habló Zaratustra,* "De tablas viejas y nuevas"). La liberación es propuesta como una opción, como una decisión que ha de tomar cada cual según vea sus fuerzas, en ningún caso aparece como un modelo de verdad a imitar por todos los hombres al estilo de la salida de la caverna platónica.

DIEZ CARACTERÍSTICAS DEL SUPERHOMBRE:

1. Menosprecia el instinto de conservación, supervivencia (propio de los débiles, de los cadáveres vivientes). Ama el riesgo y sólo se mueve por el instinto de la creación.
2. Ateísmo radical. Ni Dios ni Verdad, sólo pluralismo de interpretaciones. No creer en valores universales no significa escepticismo o apatía. El superhombre cree y mucho, pero sólo en sus propios valores. Él es su religión.
3. Incorpora el padecimiento y el dolor como una parte más de la vida, como un elemento que la enriquece.
4. Hace caso omiso a los prejuicios de la gente. Se sitúa más allá del bien y del mal, pues él es su bien y su mal.
5. No cree en la igualdad: rebaño; y sí en la diversidad y la diferencia.
6. No participa del mundo público. No se deja convencer por *los oradores del mercado,* es un solitario. Mientras el rebaño corre por miedo a perder al pastor, el superhombre corre para no ser alcanzado por el rebaño.
7. Ni critica ni se queja. No niega, crea, y el creador no puede concentrarse en la destrucción: *"La queja nunca vale para nada, es un producto de la debilidad" (Crepúsculo de los ídolos,* "Incursiones de un intempestivo", §34).
8. La vida se vuelve experimento personal, aventura.
9. Obra desde el deseo, desde el cuerpo, no desde la razón ni la conciencia. Antepone la vida al conocimiento.
10. Se guía por la belleza, no por el deber. Su moral se convierte en pura estética dionisiaca: instinto, pasión, orgía, caos, música y danza.

8 EL LEGADO DE NIETZSCHE

El mensaje de Nietzsche mejora en épocas de desorientación, alcanza prestigio a medida que los grandes sistemas filosóficos que construyen algunas generaciones se van a pique sin que aparezca posible sustituto. Es en aguas turbulentas donde el acercamiento a nuestro autor se hace de manera más compartida. Sin embargo, siempre ha tenido una buena atención entre autores considerados en su tiempo como malditos o marginales; sobre todo del campo de la libre creación. Escritores como Thomas Mann o pintores vanguardistas ligados al dadaísmo acogieron con entusiasmo su apuesta por la creación sin reservas.

En el *terreno filosófico* padeció muy pronto el ataque del marxismo. El marxismo ortodoxo sólo ve en Nietzsche la respuesta individual del intelectual pequeñoburgués que observa cómo su mundo de privilegios se precipita ante el avance del nuevo orden social que nos lleva a una sociedad de iguales. Esta interpretación negativa, junto a la acogida favorable que pensadores pro-fascistas hicieron, sobre todo, de la metáfora del superhombre, impidió que el pensamiento del autor se viera de forma sosegada hasta bien entrado el siglo XX.

El libro de Deleuze, *Nietzsche y la filosofía* (1962) puso de relieve los aspectos subversivos y liberadores de su filosofía, y, junto a la lectura que hizo Heidegger del autor, lo incorporó de nuevo al discurso filosófico. Autores cercanos al existencialismo descubrieron en él una *defensa de lo individual*, de la existencia en sí misma, más allá de esencias universales que obligaran al ser humano a participar de globalidades como el Estado o la marcha de la historia.

A medida que el marxismo dejaba de ser el lugar común del filosofar, las ideas de Nietzsche iban ganando importancia. Escuelas filosóficas como el postestructuralismo francés (Foucault a la cabeza) o la deconstrucción de Derrida, recogen el espíritu del método genealógico para poner en evidencia la incapacidad filosófica de establecer fundamentos estables.

Su defensa del *perspectivismo* y la idea de que no hay hechos sino interpretaciones, le han permitido el reconocimiento de antecesor de la hermenéutica (corriente filosófica actual de gran prestigio, con nombres como Ricoeur o Gadamer).

Con el debate generado a partir de los años 80 entre modernidad y postmodernidad, el diálogo con su obra se vuelve más fructífero por dos razones: por un lado, se ve a nuestro autor como un pronosticador acertado de nuestro tiempo. ¿No serán la sociedad de consumo o el modelo de democracia mass-mediático la concreción histórica del "nihilismo pasivo" del que Nietzsche vio las primeras sombras? Por otro lado, algunos quieren ver en su nihilismo activo la única manera actual de conseguir una especie de ética para tiempos de crisis de valores.

Interpretaciones como las de Giorgio Colli (fue autor, junto con Mazzino Montinari, de la primera edición completa de las obras de Nietzsche en 1958) le reconocen como el gran devaluador de los sistemas morales, gracias a lo cual hoy en día es posible una visión no moralista del mundo.

Por otra parte, Nietzsche anticipa los desmitificadores análisis del lenguaje (Wittgenstein) e inspira a las corrientes filosóficas que acaban convirtiendo la filosofía en una forma más de poesía o en puro texto.

Autores marginales, difícilmente clasificables y también grandes maestros en el arte del aforismo, como Cioran, siguen también la estela de Nietzsche.

Actualmente, autores centrales en el debate filosófico y que cuentan con gran prestigio como Gianni Vattimo (desde la hermenéutica postmoderna) o Michel Onfray (desde una visión hedonista-materialista, crítica con la religión) reconocen deudas con el pensamiento nietzscheano.

Mucha presencia actual de la obra de Nietzsche, pero con muy variados desacuerdos y puntos de vista sobre el autor. Hay decenas de interpretaciones más o menos convincentes de su obra en razón del clan filosófico del que provenga el intérprete. Seguramente, siguiendo el pensamiento nietzscheano, todas son correctas, porque ninguna es la correcta. No tenemos medida de la interpretación correcta y sólo la suma de todas ellas da la máxima corrección.

Acabamos recordando que Nietzsche tendría que ser un estimulante de nuestro propio pensar, un inicio para reflexionar, nunca un ídolo de nuestra verdad. Como él mismo dice: *"Se recompensa mal a un maestro si se permanece siempre discípulo (...) Ahora os ordeno que me perdáis a mí y que os encontréis a vosotros (...)" (Ecce Homo,* Prólogo*). "Y a pesar de todo esto, nada hay en mí de fundador de una religión; las religiones son asunto de la plebe, yo siento la necesidad de lavarme las manos después de haber estado en contacto con personas religiosas... No* quiero *«creyentes» (...)" (Ecce Homo,* "Por qué soy yo un destino").

Nietzsche

CREPÚSCULO DE LOS ÍDOLOS

El problema de Sócrates
La «razón» en la filosofía
Cómo el «mundo verdadero» acabó convirtiéndose en una fábula
La moral como contranaturaleza
Los «mejoradores» de la humanidad

Traducción y notas de Joan B. Llinares

Friedrich Nietzsche

III. Crepúsculo de los ídolos[1]

El problema de Sócrates[2]

1

Sobre la vida, en todas las épocas los muy sabios han juzgado igual: *no vale nada*... Siempre y en todas partes se ha oído de su boca el mismo sonido, – un sonido lleno de duda, lleno de melancolía, lleno de cansancio de la vida, lleno de oposición a la vida. Incluso Sócrates dijo al morir: «vivir – quiere decir estar enfermo mucho tiempo: debo un gallo a Asclepio [Esculapio] Salvador».[3] Incluso Sócrates estaba harto. – ¿Qué *prueba* esto? ¿Qué *indica*? – En otro tiempo se habría dicho (– ¡oh, se ha dicho, y bastante alto, y nuestros pesimistas los primeros!): «¡Aquí, en todo caso, algo ha de ser verdadero! El *consensus sapientium* [consenso de los sabios] prueba la verdad.» – ¿Seguiremos hoy hablando así?, ¿nos es *lícito* hacerlo? «Aquí, en todo caso, algo ha de estar *enfermo*» – la respuesta que *nosotros* damos dice así: ¡a esos, los muy sabios de todas las épocas,[4] primero se los debería examinar de cerca! ¿Quizá ya ninguno de ellos estaba firme sobre las piernas?, ¿eran tardíos?, ¿se tambaleaban?, ¿eran *décadents* [decadentes]? ¿Aparece quizá la sabiduría en la tierra como un cuervo al que entusiasma un ligero olor a carroña?...[5]

2

A mí mismo esta irreverencia, a saber, que los grandes sabios son *tipos-de-la-decadencia,*[6] se me ocurrió por vez primera precisamente en un caso en que el prejuicio docto e indocto se le opone con máxima fuerza: yo reconocí a Sócrates y a Platón como síntomas-de-decaimiento, como instrumentos de la disolución griega, como pseudogriegos, como antigriegos (*El nacimiento de la tragedia*, 1872). Ese *consensus sapientium* – esto lo he entendido cada vez mejor – lo que menos prueba es que tuvieran razón en aquello en que coincidían: dicho consenso prueba más bien que ellos mismos, esos muy sabios, coincidían *fisiológicamente* en alguna cosa, para adoptar – para *tener que* adoptar – la misma actitud negativa ante la vida. Los juicios, los juicios de valor sobre la vida, a favor o en contra, no pueden, en última instancia, ser verdaderos nunca: sólo tienen valor como síntomas, sólo entran en consideración como síntomas, – en sí tales juicios son estupideces.[7] Uno ha de extender por completo sus dedos hacia ella y hacer la prueba de coger[8] esta asombrosa *finesse* [finura], a saber, *que el valor de la vida no puede ser justipreciado*. No por un viviente, porque tal individuo es parte,[9] es más, incluso objeto de litigio, y no juez; no por un muerto, por una razón diferente. – Ver un problema en el *valor* de la vida por parte de un filósofo continúa siendo en dicha medida incluso un reparo contra él, un signo de interrogación respecto a su sabiduría, una falta de sabiduría. – ¿Cómo?, ¿y todos esos grandes sabios – no sólo habrían sido *décadents*, sino que ni siquiera habrían sido sabios? – Pero vuelvo al problema de Sócrates.

3

Sócrates pertenecía, por su ascendencia, al pueblo más bajo: Sócrates era plebe. Se sabe, incluso todavía se ve, qué feo era. Pero la fealdad, en sí una objeción, es entre griegos casi una refutación. ¿Era Sócrates en absoluto un griego? La fealdad es con bastante frecuencia la expresión de una evolución cruzada, de una evolución *obstaculizada* por el cruce. En otro caso aparece como una evolución *descendente*. Aquellos criminalistas que son también antropólogos nos dicen que el criminal típico es feo: *monstrum in fronte, monstrum in animo* [monstruo de aspecto, monstruo de alma]. Pero el criminal es un *décadent*. ¿Era Sócrates un criminal típico? – Al menos esto no lo contradiría aquel célebre juicio-de-fisonomista, que tan chocante pareció a los amigos de Sócrates. Un extranjero, experto en fisonomía, cuando pasaba por Atenas, le dijo a Sócrates a la cara, que *era* un *monstrum*, – que escondía en él mismo todos los malos vicios y apetitos. Y Sócrates contestó simplemente: «¡Usted me conoce, señor!»[10] –

4

No sólo el desorden y la anarquía admitidos en los instintos indican *décadence* [decadencia] en Sócrates: de igual modo también la indican la superfetación de lo lógico y esa *malignidad-de-raquítico*[11] que lo caracterizan. No olvidemos tampoco esas alucinaciones-auditivas que, como «demonio de Sócrates»,[12] se han interpretado en clave religiosa. Todo es en él exagerado, *buffo* [bufo], caricatura, todo está al mismo tiempo escondido, tiene segundas intenciones, es subterráneo. – Trato de entender de qué idiosincrasia procede esa ecuación socrática de razón = virtud = felicidad: esa ecuación, la más extravagante que existe y que tiene en contra suya, en particular, todos los instintos del heleno más antiguo.[13]

5[14]

Con Sócrates el gusto griego da un cambio brusco a favor de la dialéctica: ¿qué sucede aquí propiamente? Ante todo, con esto queda vencido un gusto *aristocrático;* la plebe se sitúa arriba con la dialéctica. Antes de Sócrates se rechazaban en la buena sociedad las maneras dialécticas: se las consideraba como malas maneras, ponían en ridículo. A la juventud se la prevenía contra ellas. También se desconfiaba de toda presentación semejante de las razones de cada cual. Las cosas honradas, lo mismo que las personas honradas, no llevan sus razones en la mano de ese modo. Es indecente exhibir todos los cinco dedos. Es poco valioso lo que tiene que ser demostrado. En cualquier lugar en que la autoridad sigue formando parte de la buena costumbre, en que no «se dan razones», sino que se dan órdenes, el dialéctico es una especie de gracioso: se ríen de él, no lo toman en serio. – Sócrates fue el gracioso que se *hizo tomar en serio*: ¿qué sucedió aquí propiamente? –

6

Solamente se elige la dialéctica cuando no se tiene ningún otro medio. Se sabe que con ella se despierta desconfianza, que ella persuade poco. Nada es más fácil de borrar que un efecto-de-dialéctico: la experiencia de toda reunión en que haya discursos lo prueba. La dialéctica sólo puede ser *legítima defensa*[15] en las manos de quienes no tienen ya otras armas. Es necesario que uno tenga que *obtener por la fuerza* su derecho: antes no se hace ningún uso de ella. Por eso los judíos fueron dialécticos; el zorro Reinecke lo fue: ¿cómo?, ¿y Sócrates también lo fue? –

7

– ¿Es la ironía de Sócrates una expresión de rebeldía?, ¿de resentimiento-plebeyo?, ¿disfruta como oprimido su propia ferocidad en las cuchilladas del silogismo?, ¿se *venga* él de los aristócratas a los que fascina? – Uno tiene en la mano, en cuanto dialéctico, un instrumento implacable; con él puede hacer de tirano; pone en ridículo al vencer. El dialéctico deja a cargo de su adversario la demostración de no ser ningún idiota: hace rabiar, hace al mismo tiempo que otros se queden sin recursos. El dialéctico *priva de potencia*[16] el intelecto de su adversario. – ¿Cómo?, ¿es la dialéctica en Sócrates sólo una forma de la *venganza*?

8

He dado a entender con qué podía Sócrates producir rechazo: tanto más queda por aclarar lo siguiente, a saber, *que* fascinaba. – Una aclaración es que descubrió una nueva especie de *agon* [competición], que en esto fue el primer maestro de esgrima para los círculos aristocráticos de Atenas. Él fascinaba en la medida en que tocaba el impulso agonal de los helenos, – él introdujo una variante en la modalidad griega de lucha entre los jóvenes y los adolescentes. Sócrates fue también un gran *erótico*.

9

Pero Sócrates aún adivinó más cosas. Vio *la zona trasera*[17] de sus aristocráticos atenienses; comprendió que *su* caso, la idiosincrasia de su caso, no era ya ningún caso excepcional. La misma especie de degeneración se preparaba en silencio en todo lugar: la antigua Atenas caminaba hacia su final. –[18] Y Sócrates comprendió que todo el mundo tenía *necesidad* de él, – de su remedio, de su cura, de su truco-personal para la auto-conservación... En todas partes los instintos estaban en anarquía; en todas partes se estaba a dos pasos del exceso: el *monstrum in animo* era el peligro general. «Los impulsos quieren hacer de tirano; hay que inventar un *contratirano* que sea más fuerte...» Cuando aquel fisonomista le hubo desvelado a Sócrates quién era él, a saber, una cueva de todos los malos apetitos, el gran irónico todavía dejó que se oyera una frase que da la clave de su caso. «Eso es verdad, dijo, pero he llegado a ser dueño de todos.» *¿Cómo* llegó Sócrates a ser dueño de *sí?* – En el fondo su caso era sólo el caso extremo, sólo el que más saltaba a la vista de aquello que entonces comenzaba a convertirse en calamidad general: que nadie era ya dueño de sí, que los instintos se volvían unos *contra* otros. Él fascinaba por ser este caso extremo – su fealdad, que infundía miedo, lo expresaba a los ojos de todos: fascinaba, como se comprende por sí mismo, aún más intensamente como respuesta, como solución, como apariencia de *cura* de este caso. –

10

Cuando se tiene necesidad de hacer de la *razón* un tirano, como hizo Sócrates, tiene que haber un peligro no pequeño de que otra cosa haga de tirano. Entonces se adivinó la racionalidad como *salvadora*, ni Sócrates ni sus «enfermos» eran libres de ser racionales, – era *de rigueur* [de rigor], era su *último*[19] remedio. El fanatismo con que toda la reflexión griega se lanza a la racionalidad delata una situación crítica: se estaba en peligro, se tenía una única[20] elección: o bien perecer o bien – ser *absurdamente racionales*... El moralismo de los filósofos griegos a partir de Platón está patológicamente condicionado; de igual modo su aprecio de la dialéctica. Razón = virtud = felicidad significa simplemente: es necesario imitar a Sócrates y colocar aquí de manera permanente, contra los apetitos oscuros, una *luz diurna* – la luz diurna de la razón. Es necesario a toda costa ser inteligente, claro, lúcido: toda concesión a los instintos, a lo inconsciente, conduce *hacia abajo*...

11

He dado a entender con qué fascinaba Sócrates: parecía ser un médico, un salvador. ¿Es necesario aún señalar el error que había en su creencia en la «racionalidad a toda costa»? – Es un autoengaño por parte de los filósofos y moralistas imaginarse que, por hacer la guerra contra la *décadence*, ya salen de ella. El llevar a cabo esa salida está fuera de su fuerza: lo que ellos escogen como remedio, como salvación, no es a su vez más que una expresión de la *décadence* – ellos *alteran* la expresión de ésta, pero a ella misma no la eliminan. Sócrates fue un malentendido; *toda la moral-del-mejoramiento, también la cristiana, fue un malentendido*... La luz diurna más deslumbrante, la racionalidad a toda costa, la vida lúcida, fría, cauta, consciente, sin instinto, en oposición a los instintos, no fue más que una enfermedad, no fue más que otra enfermedad[21] – y en modo alguno un camino de regreso a la «virtud», a la «salud», a la felicidad... *Tener que* combatir los instintos – ésta es la fórmula de la *décadence*: mientras la vida *asciende,* felicidad es igual a instinto. –

12

– ¿Llegó a comprender esto él, el más inteligente de todos los que se han-engañado-a-sí mismos? ¿Acabó por decirse esto, en la *sabiduría* de su coraje ante la muerte?... Sócrates *quería* morir:[22] – no se la dio Atenas, *él* se dio la copa de veneno, él obligó a Atenas a darle la copa de veneno... «Sócrates no es médico, se dijo en voz baja a sí mismo: sólo la muerte es aquí el médico... Sócrates mismo sólo estuvo enfermo durante mucho tiempo...»

La «razón» en la filosofía

1

Usted me pregunta ¿qué cosas son idiosincrasia en los filósofos?...[23] Por ejemplo, su carencia de sentido histórico, su odio a la representación misma del devenir, su egipticismo. Los filósofos creen tributar un *honor* a una cosa cuando la deshistorizan, cuando la tratan *sub specie aeterni* [desde la perspectiva de lo eterno], – cuando hacen de ella una momia. Todo lo que los filósofos han venido manejando desde hace milenios eran momias-conceptuales; de sus manos no salió vivo nada real. Ellos matan, ellos rellenan para disecar, esos señores que-rinden-culto-a-los-ídolos-conceptuales, cuando adoran, – se vuelven mortalmente peligrosos para todo, cuando adoran. La muerte, el cambio, la edad, así como la procreación y el crecimiento son para ellos objeciones, – incluso refutaciones. Lo que es [*was ist*] no *deviene*; lo que deviene no *es...* Ahora bien, todos ellos creen, incluso con desesperación, en el ente [*das Seiende*].[24] Pero como no pueden apoderarse de él, buscan razones de por qué se les retiene. «Tiene que haber una ilusión, un engaño en el hecho de que no percibamos el ente: ¿dónde se esconde el engañador?» – «Lo tenemos, gritan muy felices, ¡es la sensibilidad! Estos sentidos, *que también en otras ocasiones son tan inmorales*, nos engañan acerca del mundo *verdadero*.[25] Moraleja: deshacerse del engaño de los sentidos, del devenir, de la historia [*Historie*],[26] de la mentira, – la historia no es más que fe en los sentidos, fe en la mentira. Moraleja: decir no a todo lo que otorga fe a los sentidos, a todo el resto de la humanidad: todo él es "pueblo". ¡Ser filósofo, ser momia, representar el monótono-teísmo con una mímica-de-sepulturero! – ¡Y, sobre todo, fuera el *cuerpo*, esa deplorable *idée fixe* [idea fija] de los sentidos!, ¡sujeto a todos los errores de la lógica que existen, refutado, incluso imposible, aun cuando es lo bastante atrevido para portarse como si fuera real!...»

2

Pongo aparte, con alta consideración, el nombre de *Heráclito*. Mientras que el resto del pueblo-de-los-filósofos rechazaba el testimonio de los sentidos porque éstos mostraban multiplicidad y mutación, él rechazó su testimonio porque mostraban las cosas como si tuvieran permanencia y unidad. También Heráclito fue injusto con los sentidos. Éstos no mienten ni del modo como creen los eleatas ni como creía él, – no mienten en modo alguno. Lo que nosotros *hacemos* de su testimonio, eso es lo que en primer lugar introduce la mentira, por ejemplo, la mentira de la unidad, la mentira de la coseidad, de la substancia, de la permanencia... La «razón» es la causa de que nosotros falseemos el testimonio de los sentidos. Siempre que muestran el devenir, el perecer, el cambio, los sentidos no mienten... Pero Heráclito tendrá eternamente razón al afirmar que el ser es una ficción vacía. El mundo «aparente» es el único: el «mundo verdadero» no es más que una *mentira añadida...*

3

– ¡Y qué sutiles instrumentos de observación tenemos en nuestros sentidos! Esa nariz, por ejemplo, de la que ningún filósofo ha hablado todavía con veneración y gratitud, es hasta este momento incluso el instrumento más delicado que está a nuestra disposición: es capaz de detectar incluso diferencias mínimas de movimiento que ni siquiera el espectroscopio detecta. Hoy nosotros poseemos ciencia exactamente en la medida en que nos hemos decidido a *aceptar* el testimonio de los sentidos, – en que hemos aprendido a seguir agudizándolos, armándolos, pensándolos hasta el final. El resto es monstruosidad y todavía-no-ciencia: quiero decir, es metafísica, teología, psicología, teoría del conocimiento. O ciencia-formal, teoría de los signos: como la lógica, y esa lógica aplicada, la matemática. En ellas la realidad no llega a aparecer, ni siquiera como problema; y tampoco como la cuestión de qué valor tiene en general semejante convención-de-signos que es la lógica. –

4

La *otra* idiosincrasia de los filósofos no es menos peligrosa: consiste en confundir lo último y lo primero. Ponen al comienzo, *como* comienzo, lo que viene al final – ¡por desgracia!, ¡pues no debería siquiera venir! – los «conceptos más elevados», es decir, los conceptos más generales, los más vacíos, el último humo de la realidad que se volatiliza. Esto es de nuevo tan sólo la expresión de su modo de venerar: a lo superior no le es *lícito* brotar de lo inferior, no le es *lícito* haber brotado absolutamente de nada... Moraleja: todo lo que es de primer rango tiene que ser *causa sui* [causa de sí mismo]. La procedencia desde algo distinto se considera como una objeción, como un cuestionamiento-del-valor. Todos los valores supremos son de primer rango, todos los conceptos más elevados, el ente [*das Seiende*], lo incondicionado, el bien, lo verdadero, lo perfecto – todo ello no puede haber devenido, por consiguiente *tiene que* ser *causa sui*. Pero todo ello tampoco puede ser desigual recíprocamente, no puede estar en contradicción consigo mismo... Con esto tienen los filósofos su estupendo concepto «Dios»... Lo último, lo más diluido, lo más vacío es puesto como lo primero, como causa en sí, como *ens realissimum* [ente realísimo]... ¡Que la humanidad haya tenido que tomar en serio las dolencias cerebrales de unos enfermos tejedores de telarañas! – ¡Y lo ha pagado caro!...

5

– Contrapongamos a esto, por fin, de qué manera tan distinta *nosotros* (– digo nosotros por cortesía...) consideramos el problema del error y de la apariencia. En otro tiempo se tomaba la mutación, el cambio, el devenir en general como prueba de apariencia, como signo de que ahí tiene que haber [*sein*] algo que nos induce a error. Hoy, a la inversa, en la exacta medida en que el prejuicio-de-la-razón nos fuerza a poner unidad, identidad, permanencia, substancia, causa, coseidad, ser, nos vemos en cierto modo enredados en las mallas del error, *necesitados* de error;[27] aun cuando, en virtud de una estricta comprobación en nosotros, estemos muy seguros *de que* ahí está el error. Ocurre con esto lo mismo que con los movimientos del gran astro: en tales movimientos el error tiene de abogado permanente a nuestro ojo, en lo anterior, a nuestro *lenguaje*. Por su génesis el lenguaje pertenece a la época de la forma más rudimentaria de psicología: penetramos en un fetichismo grosero cuando nos concienciamos de los presupuestos básicos de la metafísica-del-lenguaje, dicho con claridad: de la *razón*. *Ese fetichismo* ve en todas partes agentes y acciones: cree en la voluntad como la causa en general; cree en el «yo», cree en el yo como ser, en el yo como substancia, y *proyecta* sobre todas las cosas la creencia en la substancia-yo – de este modo *crea* ante todo el concepto «cosa»... En todas partes el ser es puesto por el pensamiento de modo suplementario, es *introducido subrepticiamente* como causa; de la concepción del «yo» se sigue en primer lugar, como derivado, el concepto «ser»... Al comienzo se encuentra un error que es la gran fatalidad, a saber, el error de que la voluntad es algo que *produce efectos*, – de que la voluntad es una *facultad...* Hoy sabemos que no es más que una palabra... Mucho más tarde, en un mundo mil veces más ilustrado, llegó de sorpresa a la consciencia de los filósofos la *seguridad*, la *cer-*

teza subjetiva en el manejo de las categorías-de-la-razón: ellos sacaron la conclusión de que estas mismas categorías no podían proceder de la empiria, – la empiria entera, decían, está, en efecto, en contradicción con ellas. *¿De dónde proceden, pues?* – Y tanto en la India como en Grecia se cometió el mismo desacierto: «nosotros tenemos que haber vivido ya alguna vez en un mundo más alto (– en lugar de *en un mundo mucho más bajo*: ¡lo cual habría sido la verdad!), nosotros tenemos que haber sido divinos, ¡*pues* tenemos la razón!»... De hecho, hasta ahora nada ha tenido una fuerza de persuasión más ingenua que el error acerca del ser, tal como lo formularon, por ejemplo, los eleatas: ¡ese error tiene en favor suyo, en efecto, cada palabra, cada frase que nosotros pronunciamos! – También los adversarios de los eleatas sucumbieron incluso a la seducción de su concepto-de-ser: entre otros Demócrito, cuando inventó su *átomo...* La «razón» en el lenguaje: ¡oh, qué vieja mujerzuela engañadora! Temo que no vamos a librarnos de Dios porque continuamos creyendo en la gramática...[28]

6

Se me estará agradecido si compendio un discernimiento tan esencial, tan nuevo, en cuatro tesis: así facilito la comprensión, así provoco la contradicción.

Primera proposición. Las razones por las que «este» mundo ha sido calificado de aparente fundamentan, antes bien, su realidad, – otra especie *distinta* de realidad es absolutamente indemostrable.

Segunda proposición. Los signos distintivos que se le han dado al «ser verdadero» de las cosas son los signos distintivos del no-ser, de la *nada*, – se ha construido el «mundo verdadero» a partir de la contradicción con el mundo real: un mundo aparente de hecho, en cuanto no es más que una ilusión *óptico-moral.*

Tercera proposición. Inventar fábulas acerca de «otro» mundo distinto de éste no tiene en absoluto ningún sentido, presuponiendo que no domine en nosotros un instinto de calumnia, de empequeñecimiento, de sospecha de la vida: en este último caso nos *vengamos* de la vida con la fantasmagoría de una vida «distinta», de una vida «mejor».

Cuarta proposición. Dividir el mundo en un mundo «verdadero» y en un mundo «aparente», sea al modo del cristianismo, sea al modo de Kant (en último extremo, un cristiano *taimado*), no es más que una sugestión de la *décadence,* – un síntoma de vida *descendente...* Que el artista estime más la apariencia que la realidad no es ninguna objeción contra esta proposición. Pues «la apariencia» significa aquí la realidad *una vez más*, sólo que en una selección, en una intensificación, en una corrección... El artista trágico *no* es ningún pesimista, – dice precisamente *sí* incluso a todo lo problemático y terrible, es *dionisíaco*...

Cómo el «mundo verdadero» acabó convirtiéndose en una fábula[29]

Historia de un error

1. El mundo verdadero, alcanzable para el sabio, el piadoso, el virtuoso, – él vive en ese mundo, *él es ese mundo*.

   (La forma más antigua de la Idea, relativamente inteligente, simple, convincente. Transcripción de la proposición «yo, Platón,[30] *soy* la verdad».)
2. El mundo verdadero, inalcanzable por ahora, pero prometido al sabio, al piadoso, al virtuoso («al pecador que hace penitencia»).

   (Progreso de la Idea: ésta se hace más sutil, más insidiosa, más inaprensible, – *se hace mujer*, se hace cristiana...)
3. El mundo verdadero, inalcanzable, indemostrable, imprometible, pero, ya en cuanto pensado, un consuelo, una obligación, un imperativo.

   (En el fondo, el viejo sol, pero atravesando la niebla y el escepticismo; la Idea se ha hecho sublime, pálida, nórdica, königsberguense.)
4. El mundo verdadero – ¿inalcanzable? En todo caso, inalcanzado. Y, en cuanto inalcanzado, también *desconocido*. Por consiguiente, tampoco consolador, redentor, obligante: ¿a qué podría obligarnos algo desconocido?...

   (Mañana gris. Primer bostezo de la razón. Canto del gallo del positivismo.)
5. El «mundo verdadero» – una idea que ya no sirve para nada, que ni siquiera es ya obligante, – una idea que se ha hecho inútil, superflua, *por consiguiente* una idea refutada: ¡eliminémosla!

   (Día claro; desayuno; retorno del *bon sens* [buen sentido] y de la jovialidad; rubor avergonzado de Platón; ruido endiablado de todos los espíritus libres.)
6. Hemos eliminado el mundo verdadero: ¿qué mundo ha quedado?, ¿quizá el aparente?... ¡No, de ningún modo!, *¡al eliminar el mundo verdadero hemos eliminado también el aparente!*

   (Mediodía; instante de la sombra más corta; final del error más duradero; punto culminante de la humanidad; INCIPIT ZARATHUSTRA[31] [COMIENZA ZARATUSTRA].)

La moral como contranaturaleza[32]

1

Todas las pasiones tienen una etapa en que son simplemente nefastas, en que, con el peso de la estupidez, tiran de sus víctimas hacia abajo – y una etapa posterior, mucho más tardía, en que las pasiones se casan con el espíritu, en que se «espiritualizan». En otro tiempo, a causa de la estupidez que había en la pasión, se hacía la guerra a la pasión misma: la gente se conjuraba para aniquilarla, – todos los viejos monstruos-de-la-moral están unánimes en ello, «*il faut tuer les passions*» [es preciso matar las pasiones]. La fórmula más famosa para esto se encuentra en el Nuevo Testamento, en aquel Sermón de la Montaña en que, dicho sea de paso, a las cosas no se las considera en modo alguno *desde lo alto*. Allí mismo se dice, por ejemplo, con aplicación práctica a la sexualidad, «si tu ojo te escandaliza, arráncalo»:[33] por fortuna ningún cristiano actúa según esta prescripción. *Aniquilar* las pasiones y apetitos simplemente para prevenir su estupidez y las consecuencias desagradables de esta estupidez suya, eso hoy día se nos aparece simplemente incluso como una forma aguda de estupidez. Ya no admiramos a los dentistas que *arrancan* los dientes para que no sigan doliendo... Concedamos, por otra parte, con alguna equidad, que en el terreno en el que se ha desarrollado el cristianismo no se podía concebir en modo alguno el concepto «*espiritualización* de la pasión». La Iglesia primitiva luchó, en efecto, como es sabido, *contra* los «inteligentes» en favor de los «pobres de espíritu»:[34] ¿cómo sería lícito esperar de ella una guerra inteligente contra la pasión? – La Iglesia combate la pasión con la extirpación, en todos los sentidos de la palabra: su práctica médica, su «cura», es el *castradismo*. No pregunta jamás: «¿cómo se espiritualiza, se embellece, se diviniza un apetito?» – en todas las épocas ella ha puesto el peso de la disciplina en el exterminio (de la sensualidad, del orgullo, del afán de dominio, de la codicia, de la sed de venganza). – Pero atacar las pasiones en su raíz significa atacar la vida en su raíz: la praxis de la Iglesia es *hostil a la vida*...

2

Este mismo medio, la castración, el exterminio, lo eligen instintivamente, en la lucha con un apetito, quienes son demasiado débiles de voluntad, quienes están demasiado degenerados para poder imponerse una medida en ese apetito: aquellas naturalezas que, dicho sea en analogía (y sin analogía –), tienen necesidad de *la Trappe* [la Trapa],[35] de alguna definitiva declaración-de-enemistad, de un *abismo* entre ellos mismos y una pasión. Los medios radicales sólo son indispensables para los degenerados; la debilidad de la voluntad, o, dicho con más exactitud, la incapacidad de *no* reaccionar a un estímulo es simplemente otra forma de degeneración. La enemistad radical, la enemistad a muerte contra la sensualidad, continúa siendo un síntoma que incita a reflexionar: estamos autorizados a hacer conjeturas sobre el estado-general de quien es excesivo en tales extremos. – Esa hostilidad, ese odio llega a su cumbre, por lo demás, sólo cuando semejantes naturalezas no tienen ya suficiente firmeza para la cura-radical, para la ruptura con su «demonio». Échese una ojeada a la historia entera de los sacerdotes y filósofos, incluida la de los artistas: lo más venenoso contra los sentidos *no* lo han dicho los impotentes, *tampoco* los ascetas, sino los ascetas imposibles, aquellos que habrían tenido necesidad de ser ascetas...

3

La espiritualización de la sensualidad se llama *amor*: ella es un gran triunfo sobre el cristianismo. Otro triunfo es nuestra espiritualización de la *enemistad*. Consiste en comprender profundamente el valor que posee el tener enemigos: dicho con brevedad, en que se obra y se sacan conclusiones a la inversa de como se obraba y se sacaban conclusiones en otro tiempo. La Iglesia ha querido en todas las épocas la aniquilación de sus enemigos: nosotros, nosotros los inmoralistas y anticristianos, vemos nuestro provecho en que la Iglesia subsista... También en lo político la enemistad se ha hecho ahora más espiritual, – mucho más inteligente, mucho más reflexiva, mucho más *indulgente*. Casi todos los partidos entienden que va en interés-de-su-autoconservación lo siguiente, que el partido opuesto no pierda fuerzas; lo mismo puede decirse de la gran política. Especialmente una creación nueva, digamos el nuevo *Reich*, tiene más necesidad de enemigos que de amigos: sólo en la antítesis se siente necesario, sólo en la antítesis *llega a ser* necesario... No nos comportamos de manera distinta contra el «enemigo interior»: también aquí hemos espiritualizado la enemistad, también aquí hemos comprendido su *valor*. Sólo se es *fecundo* al precio de ser rico en antítesis, sólo se sigue siendo *joven* a condición de que el alma no se rinda, no ansíe paz... Nada se nos ha vuelto más extraño que aquella aspiración de otro tiempo, la aspiración a la «paz del alma», la aspiración *cristiana*; nada nos da menos envidia que la vaca-moral y la obesa felicidad de la buena conciencia. Hemos renunciado a la vida *grande* cuando hemos renunciado a la guerra... En muchos casos, obviamente, la «paz del alma» no es más que un malentendido, – *otra* cosa, que únicamente no sabe darse un nombre más honorable. Sin rodeos ni prejuicios, he aquí unos cuantos casos. «Paz del alma» puede ser, por ejemplo, la afable irradiación de una animalidad rica en lo moral (o en lo religioso). O el comienzo del cansancio, la primera sombra que proyecta el atardecer, toda especie de atardecer. O un signo de que el aire está húmedo, de que se acercan vientos del sur. O la gratitud, sin saberlo, por una digestión feliz (llamada a veces «filantropía»). O el llegar-a-estar-en-sosiego del convaleciente, para el que todas las cosas tienen un nuevo sabor y que está a la espera... O el estado que sigue a una intensa satisfacción de nuestra pasión dominante, el sentimiento de bienestar nacido de una saciedad infrecuente. O la debilidad senil de nuestra voluntad, de nuestros apetitos, de nuestros vicios. O la pereza, persuadida por la vanidad a engalanarse moralmente. O la irrupción de una certeza, incluso de una certeza terrible, tras una tensión y una tortura prolongadas, debidas a la incertidumbre. O la expresión de la madurez y la maestría en medio del hacer, crear, obrar, querer, la respiración tranquila, la *alcanzada* «libertad de la voluntad»... *Crepúsculo-de-los-ídolos*: ¿quién sabe?, quizá también sólo una especie de «paz del alma»...

4

– Reduzco a fórmula un principio. Todo naturalismo en la moral, esto es, toda moral *sana,* está dominado por un instinto de la vida, – cualquier mandamiento de la vida se cumple con un determinado canon de lo que «se debe» y lo que «no se debe» hacer, cualquier obstáculo y cualquier enemistad en el camino de la vida quedan con ello eliminados. La moral *contranatural*, es decir, casi toda moral que hasta ahora se ha enseñado, venerado y predicado, se dirige, por el contrario, precisamente *contra* los instintos de la vida, – es una *condena*, a veces disimulada, a veces pública y desvergonzada, de esos instintos. Al decir «Dios examina el corazón»,[36] la moral dice no a los apetitos más bajos y más altos de la vida y toma a Dios como *enemigo de la vida*... El santo en el que Dios tiene su complacencia es el castrado ideal... La vida acaba donde *comienza* el «reino de Dios»...

5

Suponiendo que se haya comprendido la vertiente sacrílega de tal rebelión contra la vida, rebelión que se ha vuelto casi sacrosanta en la moral cristiana, con ello se ha comprendido también, por fortuna, otra cosa: la vertiente inútil, ilusoria, absurda, *mentirosa* de tal rebelión. Una condena de la vida por parte del viviente no deja de ser, en última instancia, más que el síntoma de una especie determinada de vida: la cuestión de si esa condena es justa o injusta no está planteada en modo alguno con esto. Sería necesario tener una posición *fuera de* la vida, y, por otro lado, conocerla tan bien como uno, como muchos, como todos los que la han vivido, para que fuera lícito tocar el problema del *valor* de la vida en general:[37] razones suficientes para comprender que el problema es, para nosotros, un problema inaccesible. Cuando hablamos de valores, lo hacemos bajo la inspiración, bajo la óptica de la vida: la vida misma nos obliga a poner valores, la vida misma valora a través de nosotros *cuando* ponemos valores... De ahí se sigue que también aquella *contranaturaleza en cuanto moral* que entiende a Dios como contraconcepto y como condena de la vida no es más que un juicio de valor de la vida – ¿de *qué* vida?, ¿de *qué* especie de vida? – Pero ya he dado la respuesta: de la vida descendente, debilitada, cansada, condenada. La moral tal como se la ha entendido hasta ahora – tal como la ha formulado todavía últimamente Schopenhauer, como «negación de la voluntad de vida» – es el *instinto-de-décadence* mismo, que hace de sí un imperativo: esa moral dice: «¡*perece*!» – es el juicio de los condenados...

6

Consideremos todavía, por último, qué ingenuidad es, en definitiva, decir «¡el ser humano *debería* ser de tal y tal manera!» La realidad nos muestra una riqueza fascinante de tipos, la exuberancia de un juego y de un cambio de formas derrochadores: ¿y cualquier mezquino holgazán que se las da de moralista dice a esto: «¡no!, el ser humano debería ser *diferente*»?... Él sabe incluso *cómo* debería ser él, ese pelagatos y mojigato, él se pinta en la pared y dice «*ecce homo!*» [¡he aquí el ser humano!]...[38] Pero incluso cuando el moralista se dirige simplemente al individuo y le dice: «*¡tú* deberías ser de tal y tal manera!», no deja de ponerse en ridículo. El individuo es, de parte a parte, un fragmento de *fatum* [hado], una ley más, una necesidad más para todo lo que viene y será. Decirle «hazte diferente» significa exigir que se haga diferente todo, incluso lo que queda atrás... Y, realmente, ha habido moralistas consecuentes, ellos han querido al ser humano diferente, a saber, virtuoso, lo han querido a su imagen, a saber, como un mojigato: ¡para ello *negaron* el mundo! ¡Una locura nada pequeña! ¡Una especie nada modesta de inmodestia!... La moral, en la medida en que *condena*, en sí, *no* por visiones, consideraciones, intenciones propias de la vida, es un error específico con el que no debe tenerse ninguna compasión, ¡una *idiosincrasia-de-degenerados*, que ha provocado un daño indecible!... Nosotros que somos diferentes, nosotros los inmoralistas, hemos hecho, por el contrario, más extenso nuestro corazón para acoger toda especie de intelección, de comprensión, de *aprobación*. No negamos a la ligera, buscamos nuestro honor en ser *afirmadores*. Se nos han abierto cada vez más los ojos para ver aquella economía que todavía necesita y sabe aprovechar todo lo que rechaza el santo desatino del sacerdote, todo lo que rechaza la razón *enferma* en el sacerdote, aquella economía presente en la ley de la vida, la cual saca provecho incluso de la repugnante *species* [especie] del mojigato, del sacerdote, del virtuoso, – ¿*qué* provecho? – Pero nosotros mismos, los inmoralistas, somos aquí la respuesta...[39]

Los «mejoradores» de la humanidad[40]

1

Se conoce mi exigencia al filósofo de ponerse *más allá* del bien y del mal, – de tener *debajo* de sí la ilusión del juicio moral. Esta exigencia se sigue de un discernimiento que yo he formulado por primera vez,[41] a saber: *que no existen en absoluto hechos morales*. El juicio moral tiene en común con el juicio religioso la creencia en realidades que no lo son. La moral no es más que una interpretación [*Ausdeutung*] de ciertos fenómenos, dicho de manera más precisa, una *mala* interpretación [Miss*deutung*]. El juicio moral pertenece, como el juicio religioso, a un nivel de ignorancia en el que todavía falta incluso el concepto de lo real, la distinción entre lo real y lo imaginario: de modo que, en tal nivel, «verdad» designa meramente cosas que hoy día nosotros llamamos «imaginaciones». El juicio moral, por lo tanto, no se ha de tomar nunca al pie de la letra: como tal, lo único que contiene siempre es absurdidad. Pero en cuanto *semiótica* sigue siendo inapreciable: revela, al menos para el sapiente, las realidades más valiosas de culturas e interioridades que no *sabían* lo bastante para «entenderse» a sí mismas. La moral es simplemente un hablar por signos, simplemente una sintomatología: uno ha de saber ya *de qué* se trata para sacar provecho de ella.

2

Un primer ejemplo, y completamente provisional. En todas las épocas se ha querido «mejorar» a los seres humanos: a esto sobre todo se lo ha llamado moral. Pero bajo la misma palabra están escondidas las tendencias más extremadamente diferentes. Tanto a la *doma* de la bestia ser humano, como a la *cría* de un determinado género de ser humano, se las ha llamado «mejoramiento»: ante todo estos *termini* [términos] zoológicos expresan realidades, – realidades, desde luego, de las que el «mejorador» típico, el sacerdote, no sabe nada – no *quiere* saber nada... Llamar a la doma de un animal su «mejoramiento» es a nuestros oídos casi una broma. Quien sabe lo que sucede en las casas de fieras duda de que en esos sitios se «mejore» a la bestia. Se la debilita, se la hace menos dañina, se la convierte, con el afecto depresivo del miedo, con dolor, con heridas, con hambre, en una bestia *enfermiza*. – No sucede una cosa distinta con el ser humano domado que el sacerdote ha «mejorado». En la Alta Edad Media, cuando de hecho la Iglesia era sobre todo una casa de fieras, se daba caza en todas partes a los más hermosos ejemplares de la «bestia rubia»,[42] – se «mejoró», por ejemplo, a los aristocráticos germanos. Pero ¿a qué se parecía después tal germano «mejorado», inducido con malas artes a ir al monasterio? A una caricatura del ser humano, a una monstruosidad [*Missgeburt*]: se había convertido en un «pecador», estaba metido en la jaula, se lo había encerrado entre conceptos todos ellos terribles... Allí estaba emplazado ahora, enfermo, raquítico, malévolo contra sí mismo; lleno de odio contra las pulsiones que incitan a vivir, lleno de sospecha contra todo lo que continuaba siendo fuerte y feliz. En suma, un «cristiano»... Dicho fisiológicamente: en la lucha con la bestia hacer que ésta enferme *puede* ser el único medio de hacerla débil. Esto lo entendió la Iglesia: *deterioró* al ser humano, lo debilitó, – pero reclamó haberlo «mejorado»...

3

Tomemos el otro caso de la así llamada moral, el caso de la *cría* de una determinada raza y especie. El ejemplo más grandioso de esto lo representa la moral india, sancionada como religión en la «Ley de Manú».[43] Aquí está planteada la tarea de criar a la vez no menos de cuatro razas: una sacerdotal, una guerrera, una dedicada al comercio y a la agricultura, y, por último, una raza-de-sirvientes, los sudras. Es manifiesto que aquí ya no nos encontramos entre domadores de animales: una especie cien veces más clemente y racional de ser humano es el presupuesto para concebir siquiera el plan de tal cría. Se respira con alivio al entrar, viniendo del aire cristiano de enfermos y de cárcel, en este mundo más sano, más elevado, *más extenso*. ¡Qué mezquino es el «Nuevo Testamento» comparado con Manú, qué mal huele! – Pero también esta organización tenía necesidad de ser *terrible*, – esta vez no en lucha con la bestia, sino con *su* concepto-antitético, el ser-humano-no-de-cría, el ser-humano-en-mezcolanza, el chandala. Y, de nuevo, para hacerlo inofensivo, para hacerlo débil, esa organización no tenía ningún otro medio que ponerlo *enfermo*,[44] – era la lucha con el «gran número». Quizá no haya nada que contradiga más a nuestro sentimiento que *estas* medidas preventivas de la moral india. El tercer edicto, por ejemplo (Avadana-Sastra I), el «de las legumbres impuras», ordena que el único alimento que esté permitido a los chandalas sean el ajo y las cebollas, considerando que la Escritura sagrada prohíbe darles grano o frutos que tengan granos, o darles *agua* o fuego. Ese mismo edicto establece que el agua que necesiten no la tomen ni de los ríos ni de las fuentes ni de los estanques, sino exclusivamente de los accesos a los charcos y de los agujeros producidos por las pisadas de los animales. De igual modo se les prohíbe lavar su ropa y *lavarse a sí mismos*, puesto que el agua que por gracia se les concede sólo es lícito utilizarla para apagar la sed. Finalmente, una prohibición a las mujeres sudras proscribe asistir en el parto a las mujeres chandalas, y de igual modo hay otra para estas últimas proscribiendo *asistirse unas a otras en esas circunstancias...* – El éxito de tal policía-de-sanidad no tardó en llegar: epidemias mortíferas, enfermedades sexuales horribles, y, como resultado de ello, de nuevo, «la ley del cuchillo», que ordena la castración para los niños, la amputación de los labios menores de la vulva para las niñas. – Manú mismo dice: «los chandalas son fruto de adulterio, incesto y crimen (– ésta es la consecuencia *necesaria* del concepto de cría).

Como vestidos tendrán sólo los harapos de los cadáveres, como vajilla, tarros rotos, como adorno, hierro viejo, como culto divino, sólo los espíritus malignos; vagarán sin descanso de un lugar a otro. Les está prohibido escribir de izquierda a derecha y servirse de la mano derecha para escribir: el uso de la mano derecha y de la escritura de izquierda a derecha está reservado exclusivamente a los *virtuosos*, a las gentes de *raza.*» –

4

Estas disposiciones son bastante instructivas: en ellas tenemos, en primer lugar, la humanidad *aria*,[45] totalmente pura, totalmente originaria, – aprendemos que el concepto «sangre pura» es la antítesis de un concepto cándido. Por otra parte, se vuelve claro en *qué* pueblo se ha perpetuado el odio, el odio-chandala contra esa «humanidad», dónde dicho odio se ha convertido en religión, dónde se ha convertido en *genio*... Bajo esta perspectiva los Evangelios son un documento de primer rango; aún más lo es el libro de Henoch.[46] – El cristianismo, de raíz judía y sólo comprensible como planta de ese suelo, representa el *contramovimiento* contra toda moral de la cría, de la raza, del privilegio: – es la religión *antiaria par excellence*: el cristianismo es la transvaloración de todos los valores arios, la victoria de los valores-chandalas, el evangelio predicado a los pobres, a los inferiores, la rebelión-completa de todo lo pisoteado, miserable, malogrado, fracasado, contra la «raza», – la inmortal venganza-chandala como *religión del amor...*

5

La moral de la *cría* y la moral de la *doma* son completamente dignas una de otra en los medios de imponerse: nos es lícito presentar como proposición suprema que, para *hacer* moral, se ha de tener la voluntad incondicional de lo contrario. Éste es el gran problema, el *siniestro* problema que me ha ocupado más tiempo: la psicología de los «mejoradores» de la humanidad. Un hecho pequeño y, en el fondo, modesto, el de la así llamada *pia fraus* [mentira piadosa], me dio el primer acceso a este problema: la *pia fraus*, el patrimonio hereditario de todos los filósofos y sacerdotes que «mejoraban» la humanidad. Ni Manú, ni Platón, ni Confucio, ni los maestros judíos y cristianos han dudado jamás de su *derecho* a la mentira. No han dudado de *otros derechos completamente distintos...* Expresándolo en una fórmula, sería lícito decir: *todos* los medios con que hasta ahora se quería hacer moral a la humanidad eran radicalmente *inmorales*.[47] –

NOTAS:

[1] Friedrich Nietzsche, *Sämtliche Werke. Kritische Studienausgabe* (KSA), *Band 6*. Herausgegeben von Giorgio Colli und Mazzino Montinari. DTV/Walter de Gruyter, Munich/Berlín/Nueva York, 1980, pp. 55-162. Deseamos expresar nuestro reconocimiento a dos traducciones anteriores de las que hemos aprovechado importantes propuestas y soluciones, la de J. E. de Muñagorri (Madrid, Rafael Caro Raggio, editor, 1930) y la magistral de A. Sánchez Pascual, con la que aprendimos a leer y a traducir a Nietzsche (Madrid, Alianza, 1973 y 1998, revisada); también queremos dejar constancia de nuestra gratitud al escritor Rafa Gomar, con quien a lo largo de muchas tardes hemos tenido la oportunidad de comentar casi cada palabra de estos textos, y al profesor José Sanchez por sus sabios consejos. Mantenemos escrupulosamente la peculiar grafía nietzscheana, llena de guiones, comillas, dos puntos, palabras compuestas (con indicación expresa de su novedad gracias al guión unitivo y a las mayúsculas iniciales de cada término), abundantes subrayados y puntos suspensivos, diferentes tipos de letra, etcétera. Como es sabido, estos recursos gráficos tienen su significación y también pueden y deben orientar al lector en su cabal comprensión del texto. (Salvo indicación expresa, todas las notas son del traductor).

[2] Con este título y este apartado, según los editores G. Colli y M. Montinari, debía comenzar el capítulo "Filosofía como *décadence*" si se toma en cuenta uno de los planes para *La voluntad de poder*, a saber, el fragmento póstumo 15[5], redactado durante la primavera de 1888, que puede consultarse en F. Nietzsche, *Fragmentos póstumos, Volumen IV (1885-1889)*, ed. de D. Sánchez Meca, trad., intr. y notas de J. L. Vermal y J. B. Llinares, Madrid, Tecnos, 2006, p. 622.

[3] Platón, *Fedón*, 118a. (N. de los editores).

[4] Según los editores, expresión tomada de Goethe, concretamente del poema "*Kophtisches Lied* [*Canción copta*]", citado también en *Humano, demasiado humano I*, aforismo 110, cf. la edición castellana de este libro de Nietzsche preparada por M. Barrios y A. Brotons, Madrid, Akal, 1996, pp. 98-100, y nota 12, en donde se traducen los versos aludidos y se informa de ediciones alemanas y castellanas del poema.

[5] Según los editores, en el cuaderno 14, redactado durante la primavera de 1888, hay dos versiones previas de la parte final de este aforismo, desde "¿Qué prueba esto?..." hasta el final.

[6] Como hemos dicho, aunque sea un recurso quizá redundante, en atención a los matices del original deseamos mantener sistemáticamente como bloques lingüísticos en nuestra traducción, con guiones internos, aquellos términos creados por Nietzsche en que él mismo utiliza este recurso, como aquí es el caso, "Niedergans-Typen [*tipos-de-la-decadencia*]". Nada le hubiera impedido simplificar las cosas y escribir sencillamente "*Niederganstypen*". Por lo demás, ésta es una de las raras veces en que Nietzsche no se sirve del término francés *décadence* y prefiere usar un vocablo alemán similar al que normalmente se utiliza como equivalente, "*Untergang*", palabra compuesta que también contiene una clara referencia al descenso o a la puesta del sol.

[7] Según los editores, de estas tres líneas existe una versión previa en el ya citado cuaderno 14.

[8] "Coger [*fassen*]" usado aquí tanto en el sentido literal de "asir, agarrar, capturar", como en el figurado de "comprender, captar, entender", como cuando se pregunta después de un chiste basado en un atrevido juego de palabras: "¿Lo has cogido?".

[9] En el preciso sentido jurídico de inadmisible parcialidad que resulta del hecho de ser un mismo individuo "juez y *parte* [*Partei*]" a la vez.

[10] Según los editores, en estas cinco líneas Nietzsche se apoya en un texto de Cicerón, *Tusculanas*, IV 37, 80, que cita a partir de la obra de G. Chr. Lichtenberg, *Ueber Physiognomik*, de *Vermischte Schriften*, Göttingen, 1867, 4, p. 31, ejemplar que tenía en su biblioteca.

[11] Como sabe el lector del "Primer Tratado" de *La genealogía de la moral*, Nietzsche distingue entre "bueno y malo [*gut und schlecht*]" y "bueno y malvado (o perverso) [*gut und böse*]", y también, por consiguiente, entre "maldad [*Schlechtigkeit*]" y "malignidad (o perversidad) [*Bosheit*]", los sustantivos correspondientes. Nuestra traducción intenta mantener esta significativa distinción.

[12] Cf. Platón, *Apología de Sócrates*, 31d. (N. de los editores).

[13] Según los editores, en una hoja de una carpeta con esbozos y planes de mayo-octubre de 1888, la ecuación más antigua decía así: "virtud = instinto = inconsciencia-defondo [*Grund-Unbewusstheit*]".

[14] Según los editores, los aforismos 5, 6 y 7 tienen un par de versiones previas en el citado cuaderno 14 de la primavera de 1888, la última de ellas ya prácticamente idéntica a la definitiva.

[15] La palabra "*Notwehr*" es una palabra compuesta de "*Wehr*", "defensa, arma defensiva" y "*Not*", "necesidad, apuro, urgencia," e incluso "calamidad", si es grave y afecta al ámbito público ["*allgemeine Not*", "calamidad general"]. Su significado habitual se refiere a las armas o recursos que no hay más remedio que utilizar en casos de apremiante necesidad o de seria gravedad, en una "*Notlage*", "situación crítica", en que puede estar en juego la vida, esto es, "arma con la que defenderse en situación apurada", y, de ahí, el término jurídico en que se ha convertido, "(en) legítima defensa". Los ejemplos citados aparecen en posteriores aforismos (el 6 y el 9) de esta misma sección.

[16] Este neologismo creado por Nietzsche podría traducirse literalmente como "*despotenciar* [depotenzieren]", conviene saber además que en el original está subrayado por el autor.

[17] Expresión metafórica basada en una preposición, "*hinter*", "detrás", usada aquí en acusativo con indicación de dirección, significando la trayectoria de la mirada hacia lo que hay "detrás de alguien", lo que se halla "a sus espaldas" en sentido físico, pero también la indagación hacia "la parte oculta, lo que se esconde, lo que no se ofrece a la mirada frontal", hacia "la trastienda" o "las segundas intenciones", etc.

[18] Guión en el original.

[19] Subrayado en el original.

[20] Sin subrayar en el original.

[21] Traducimos la matizada reiteración que aparece en el original y que, por esa razón, no debe suprimirse en castellano: "*eine Krankheit, eine andere Krankheit*".

[22] Estos dos puntos aparecen así en el original.

[23] Según los editores, la fórmula "filosofía como idiosincrasia" aparece en una hoja de una carpeta con anotaciones de mayo-octubre de 1888.

[24] "*Das Seiende*", es decir, "lo que es" o "el ente". Sobre el significado y el por qué de esta opción, cf. Nietzsche, *Antología*, ed. y trad. de Joan B. Llinares y Germán Meléndez, Barcelona, Península, 2003 (1ª ed., 1988), p. 235 (pp. 154-155).

[25] Según los editores, la distinción entre mundo verdadero y mundo aparente está tratada en el ya varias veces citado cuaderno de la primavera de 1888, esto es, en los *fragmentos póstumos* del *Vol. IV* de las pp. 507 y ss. (número 14) de la arriba citada traducción castellana de J. L. Vermal y J. B. Llinares publicada por la editorial Tecnos. Esto mismo se ha de decir de ciertas consideraciones en torno a Heráclito que aparecen en el aforismo siguiente.

[26] Aunque en otras ocasiones Nietzsche se sirve de la distinción entre "*Geschichte*" [la historia, los acontecimientos que suceden, *res gestae*] e "*Historie*" [la historiografía, los estudios históricos, *historia rerum gestarum*], aquí utiliza este segundo término como concepto global, probablemente por sus abundantes lecturas francesas y el predominio cultural reivindicado de esta lengua en la época de gestación de este escrito.

[27] Difícil expresión, construida con un galicismo, "nezessitiert *zum Irrtum*", en la que no debe perderse el matiz de exigencia que lleva implicado, el de tener que caer en algo, tener que cometer algo, tener que ir hacia algo, hacia el "error" en este caso.

[28] Según los editores, en el cuaderno 14 de la primavera de 1888 hay una primera versión de toda la parte final de este aforismo.

[29] Según los editores, un proyecto de la primavera de 1888 para la obra *La voluntad de poder* consideraba este capítulo como el primero de dicha obra, cf. el fragmento póstumo 14[156] (edición castellana citada, p. 583).

[30] Según los editores, en una anotación del cuaderno citado en la nota anterior, una versión previa de esta frase decía: "yo, Spinoza". Ese cuaderno contiene otras ligeras variantes de este apartado.

[31] Según los editores, una versión anterior de ese mismo cuaderno contenía en lugar de ZARATHUSTRA la palabra PHILOSOPHIA.

[32] Según los editores, esta sección consta de dos partes, la segunda de las cuales (aforismos 4-6) se redactó en primer lugar, era más extensa y se titulaba "La moral como tipo de la *décadence*"; la primera (aforismos 1-3) surgió de un apartado más condensado, con el título "Schopenhauer y la sensualidad". La fusión de ambas partes tuvo lugar en agosto de 1888, cuando Nietzsche renunció definitivamente a publicar una obra llamada *La voluntad de poder* y aprovechó los materiales que ya tenía elaborados para construir con ellos, reescribiéndolos, sus obras *Crepúsculo de los ídolos* y *El Anticristo*. Para más detalles remitimos a nuestra introducción "De los planes para *La voluntad de poder* a *Ecce homo* y *Nietzsche contra Wagner*. Otoño de 1887-comienzos de enero de 1889", en el ya citado F. Nietzsche, *Fragmentos póstumos, Volumen IV (1885-1889)*, Madrid, Tecnos, 2006, pp. 21 y ss. No precisaremos aquí, así pues, cada una de las versiones previas existentes en los diferentes cuadernos y carpetas del legado póstumo del filósofo.

[33] Evangelio de Mateo, 5, 29. (N. de los editores).

[34] Evangelio de Mateo, 5, 3. (N. de los editores).

[35] Cf. *Schopenhauer como educador*, capítulo 3. (N. de los editores). Ese texto de la *Tercera Consideración Intempestiva* dice así: "En la otra mitad [de su ser, Schopenhauer] vivía una añoranza impetuosa; la comprendemos cuando oímos que se apartaba con dolorosa mirada de la imagen del gran fundador de La Trapa, Rancé, con las palabras: "esto es cosa de la gracia"." Cf. F. Nietzsche, *Schopenhauer como educador*, trad., intr. y notas de J. B. Llinares, Madrid, Tecnos, 2009, en prensa.

[36] Cf. Evangelio de Lucas, 16, 15. (N. de los editores, rectificada).

[37] Cf. los estudios que Nietzsche realizó para la redacción de su obra *Humano, demasiado humano*, en especial el extracto del libro de E. Dühring que tiene este mismo título, *El valor de la vida,* y que constituye el fragmento póstumo 9[1]. (N. de los editores). Este extracto puede consultarse en F. Nietzsche, *Fragmentos póstumos, Volumen II (1875-1882)*, ed. de D. Sánchez Meca, intr., trad. y notas de M. Barrios y J. Aspiunza, Madrid, Tecnos, 2008, pp. 131-160.

[38] Cf. Evangelio de Juan, 19, 5 (palabras de P. Pilatos), que Nietzsche utilizó tanto en el título de su autobiografía, como en el título de un poema (el 62) de la sección "Broma, astucia y venganza" de *La ciencia jovial*. (N. de los editores).

[39] Los editores remiten al fragmento póstumo 18[8] (cuya traducción castellana puede consultarse en el ya citado *Fragmentos póstumos, Vol. IV*, p. 705).

[40] Según los editores, también esta sección surgió de la reelaboración de materiales que Nietzsche había ido preparando para su proyectada obra *La voluntad de poder*, en especial para el capítulo que según el fragmento póstumo 12[2] de comienzos de 1888 se titulaba "Cómo la virtud consigue la victoria" (cf. edición castellana citada *Fragmentos póstumos, Vol. IV*, p. 504). En la primavera de 1888 se añadió a esta temática la lectura nietzscheana del Código de Manú. Tampoco precisaremos aquí las diferentes versiones previas que se han conservado de los apartados de esta sección en cuadernos y carpetas del legado póstumo del filósofo.

[41] Según los editores, aquí hay una referencia a *La genealogía de la moral*.

[42] Cf. *La genealogía de la moral*, "Tratado primero", aforismo 11. (N. de los editores).

[43] Según los editores, Nietzsche leyó este Código de Manú en un libro que tenía en su biblioteca, Louis Jacolliot, *Les législateurs religieux. Manou-Moïse-Mahomet*, París, 1876. Hay importantes testimonios de esta lectura, como la carta a Peter Gast del 31 de mayo de 1888. Las citas que Nietzsche hace de este código las toma de diferentes páginas del citado libro de Jacolliot.

[44] De manera prácticamente idéntica a lo ya dicho al final del aforismo anterior, el texto original mantiene con coherencia el mismo verbo en los tres casos que expone, "hacer [*machen*] inofensivo", "hacer [*machen*] débil", "hacer [*machen*] enfermo", casos que en castellano equivalen a "quitar el peligro", "debilitar" y "poner enfermo", respectivamente.

[45] Los editores remiten para la mejor comprensión del concepto de "ario" en Nietzsche a su carta al antisemita Theodor Fritsch.

[46] Los editores remiten al fragmento póstumo 11[405] de noviembre de 1887-marzo de 1888 para documentar la fuente de la referencia nietzscheana, a saber, el libro de E. Renan *Vie de Jésus*, París, 1863. (Ese fragmento puede leerse en la citada traducción castellana publicada por Tecnos, *Fragmentos póstumos, Vol. IV*, p. 487.)

[47] Sobre el tema de la "mentira santa" los editores remiten a otro texto de Nietzsche en el que explicita sus ideas al respecto, la parte final del aforismo 55 de *El Anticristo*. Es muy recomendable la excelente edición catalana de este libro, preparada por Antonio Morillas y Marc Jiménez, Barcelona, Llibres de l'Índex, 2008, 2ª ed.

IV. GUÍA DE LECTURA

EL PROBLEMA DE SÓCRATES

En *Crepúsculo de los ídolos* Nietzsche realiza una profunda crítica a la metafísica, esa disciplina que ha dominado la historia de Occidente y que, partiendo de una supuesta realidad eterna e inmutable, pretende hacer valer una verdad única y una moral única para todos. Sus máximos exponentes han sido Platón y el cristianismo. Nietzsche dedica este primer capítulo al maestro de Platón, a Sócrates, en quien ya encuentra algunos de los errores principales que conforman esa mentira que ha sido la metafísica. Precisamente el título general de la obra (*Crepúsculo de los ídolos*) ya indica que sus grandes palabras e ideas (sujeto, verdad, causa-efecto, Dios, Bien, substancia, cosa en sí...) llegan a su final. Ha llegado pues el momento del nihilismo y, más allá de éste, de la superación de dichos ídolos.

Aforismo 1

La tradición filosófica se ha caracterizado, según Nietzsche, por su radical antivitalismo: *"Sobre la vida, en todas las épocas los muy sabios han juzgado igual:* no vale nada... *Siempre y en todas partes se ha oído de su boca el mismo sonido, – un sonido lleno de duda, lleno de melancolía, lleno de cansancio de la vida, lleno de oposición a la vida"*. Sócrates es, para Nietzsche, uno de los mayores representantes de esta postura antivitalista a la que él se opone frontalmente y que considera como una muestra más de la decadencia de la cultura occidental. Los "muy sabios" son precisamente aquellos filósofos que han marcado la historia de esa gran mentira que es la filosofía.

Un ejemplo evidente de este desprecio por la vida que sentía Sócrates lo encontramos en sus últimas palabras antes de morir: *"Incluso Sócrates dijo al morir: «vivir – quiere decir estar enfermo mucho tiempo: debo un gallo a Asclepio [Esculapio] Salvador»"*. Sócrates propone que, tras su muerte, se ofrezca a Asclepio, dios de la medicina en la antigua Grecia, un gallo como ofrenda; una ofrenda que realizaban como agradecimiento aquellos que habían logrado curarse de alguna penosa enfermedad. Así pues, estas palabras dan a entender que la vida no era para Sócrates más que una enfermedad que sólo hallaba su cura con la muerte.

Ciertamente hay algo enfermo en nuestros tiempos. Pero... ¿qué es lo enfermo realmente: la vida o la manera de enfrentarse a ella de esos llamados "sabios"? Nietzsche se inclina por lo segundo: esos sabios representan una decadencia fisiológica que se refleja en su moral decadente, una voluntad de poder débil propia de unos seres enfermos que sólo pueden sobrevivir negando el torbellino caótico de la vida: *"¿Quizá ya ninguno de ellos estaba firme sobre las piernas?, ¿eran tardíos?, ¿se tambaleaban?, ¿eran* décadents *[decadentes]?"*. A lo largo de las páginas siguientes Nietzsche desarrolla su crítica a esta actitud decadente ante la vida.

Aforismo 2

Sócrates y Platón representan de tal modo esa postura antivitalista y decadente que Nietzsche no duda en calificarlos de antigriegos: *"(...) yo reconocí a Sócrates y a Platón como síntomas-de-decaimiento, como instrumentos de la disolución griega, como pseudogriegos, como antigriegos"*. En Grecia, antes de ellos, existía un sentimiento trágico de la vida que les hacía vivirla intensamente (no hay que confundir este sentimiento trágico, que Nietzsche también reivindica, con una visión pesimista de la misma. La tragedia, tal y como los griegos y Nietzsche la conciben, no es pesimismo; es decir siempre sí a la vida con todo lo que ello conlleva). Es ese vitalismo el que ellos (Sócrates y Platón) con sus teorías "momificadoras" de la vida, han eliminado. El que los dos adopten esta misma postura no prueba en ningún momento que tuvieran razón sino únicamente que coincidían en algo: *"(...) coincidían* fisiológicamente *en alguna cosa, para adoptar – para* tener que *adoptar – la misma actitud negativa ante la vida"*. ¿En qué coincidían? ¿A qué se refiere Nietzsche con esa coincidencia fisiológica? Por un lado a la debilidad física que les caracteriza (su fealdad, por ejemplo), una muestra más de su debilidad vital (ambas las veremos ejemplificadas en el aforismo siguiente en Sócrates).

Los juicios de valor ante la vida, sean del signo que sean, son síntomas de nuestra postura ante ella y, por lo tanto, nunca podemos calificarlos como verdaderos o falsos: *"(...) los juicios de valor sobre la vida, a favor o en contra, no pueden, en última instancia, ser verdaderos nunca: sólo tienen valor como síntomas (...)"*. En el caso de Platón y Sócrates, son síntomas de su ya mencionada postura antivitalista y decadente, son síntomas de su enfermedad.

¿Quién es capaz de decir cuál es el valor de la vida? Según Nietzsche nadie: ni un ser vivo (porque todo ser vivo forma parte del juego de la vida y, por tanto, no puede considerarla objetivamente, "desde fuera"), ni tampoco alguien muerto por razones totalmente diferentes y, dice irónicamente, obvias. Por eso, el sabio que pretenda juzgar o valorar la vida únicamente demuestra su falta de sabiduría: *"Ver un problema en el* valor *de la vida por parte de un filósofo continúa siendo en dicha medida incluso un reparo contra él, un signo de interrogación respecto a su sabiduría, una falta de sabiduría"*, porque la vida, en definitiva, no está para juzgarla o valorarla, sino para vivirla. Esta es la opción con la que se compromete Nietzsche.

Aforismo 3

Nietzsche se centra ahora en el análisis de la figura de Sócrates como representante de esos supuestos "sabios" y de la decadencia de los instintos que tuvo su inicio en Grecia. ¿Cuál es el motivo último e íntimo que convirtió a Sócrates en un resentido de la vida? En el aforismo anterior se sugirió ya la existencia de unas razones fisiológicas y es ahora cuando se profundiza en esta cuestión. Sócrates era un personaje decadente, entre otras razones, porque era plebeyo y feo: *"Sócrates era plebe. Se sabe, incluso todavía se ve, qué feo era. Pero la fealdad, en sí una objeción, es entre griegos casi una refutación"*. Aclaremos estas afirmaciones. Nietzsche no se refiere a su pertenencia a una determinada clase social sino a su falta de nobleza de carácter, a su inexistente fuerza vital, a su débil voluntad de poder, que le impedían experimentar la vida intensamente. Lo mismo ocurre con la fealdad, otra manifestación de un alma viciosa ante la vida. En otro capítulo de *Crepúsculo de los ídolos*, "Incursiones de un intempestivo", Nietzsche dice: *"Nada es feo, excepto el hombre que degenera"*. Expresa también, por tanto, una decadencia vital, la postura de aquellos que condenan la vida porque son incapaces de vivir con ella, de sentirla intensamente en toda su plenitud. Así, pues, la crítica de Nietzsche a Sócrates se refiere más bien a su ausencia de fuerza vital, a una fisiología debilitada que le produce un resentimiento hacia la vida.

Quizá estas afirmaciones de Nietzsche puedan parecernos exageradas pero no olvidemos que, aún hoy en día, el saber popular nos dice que "la cara es el espejo del alma". Esta es, pues, la línea que sigue Nietzsche: si Sócrates era feo, entonces no podía ser bueno. *"Aquellos criminalistas que son también antropólogos nos dicen que el criminal típico es feo:* monstrum in fronte, monstrum in animo *[monstruo de aspecto, monstruo de alma]. Pero el criminal es un* décadent*"*. Al hacer esta afirmación Nietzsche estaría de acuerdo con las investigaciones de un criminólogo italiano contemporáneo suyo, Lombroso (1835-1909), el cual afirmaba que era posible predecir la tendencia de una persona a cometer actos delictivos según fueran sus rasgos físicos. Así, consideraba que la deformidad física conlleva una deformación moral (en Sócrates sería además una deformación o decadencia vital) que nos hace más susceptibles de realizar actos penados por la ley.

Aforismo 4

Nietzsche sigue con su crítica a la metafísica tradicional tomando como base la filosofía de Sócrates. En este aforismo expone cuatro motivos importantes de esta crítica.

"No sólo el desorden y la anarquía admitidos en los instintos indican décadence *[decadencia] en Sócrates: de igual modo también la indican la superfetación de lo lógico y esa* malignidad-de-raquítico *que lo caracterizan"*. La **superfetación o abuso de lo lógico** es el primero de esos motivos. Consiste en establecer la lógica como única opción posible llevándola a campos en los que no se puede aplicar (por ejemplo el arte, el conocimiento o la realidad como veremos más adelante), no reconociendo, de este modo, sus limitaciones. Sócrates pretende convertir al mundo en algo lógico, cuando el mundo se resiste a ser lógico y prefiere ser contradictorio. La "malignidad de raquítico" hace referencia a que la interpretación del mundo que Sócrates ofrece es raquítica, muy limitada, muy reducida, muy estrecha. Sócrates establece una única interpretación de la realidad como válida (la suya propia, la racional) negando así la posibilidad de que puedan existir múltiples interpretaciones de la misma, opción defendida por Nietzsche desde su postura perspectivista.

Por otro lado, puede resultar extraño que un defensor tan exaltado de todo lo instintivo como Nietzsche critique a Sócrates por el **desorden y anarquía de sus instintos.** Aunque Nietzsche combate la represión de los instintos que ha caracterizado a la cultura occidental y a la moral cristiana, no por ello defiende que tengamos que dejarnos llevar por ellos en una especie de desenfreno incontrolable. La persona que se deja dominar por sus instintos también demuestra una carencia de voluntad de poder. Lo que propone Nietzsche es una tercera vía consistente en aprovechar los instintos, disfrutarlos de un modo inocente, de manera que participen en el objetivo último de nuestra voluntad de poder que es hacernos capaces de crear y construir nuestra vida como si de una obra de arte se tratara. En esta línea Nietzsche afirma en uno de sus fragmentos póstumos (1 [5]): *"Mido un hombre, un pueblo, según el grado en el que pueda liberar en sí sus impulsos más terribles y girarlos para su provecho sin que lo hagan sucumbir: provocando, por el contrario, su fertilidad de hecho y de obra"*.

También hace referencia Nietzsche al "demon" de Sócrates, mencionado por Platón en su diálogo *El Banquete*. Este *demon* socrático es una especie de voz interior que aconseja en momentos de duda sobre la decisión correcta que hay que tomar. Desempeña el papel de **voz de la conciencia** enfrentada a los impulsos inmediatos de los instintos. Por ello se convierte también en objeto de las críticas de Nietzsche: a partir de Sócrates parece que, de algún modo, nace la obligación de acallar a los instintos, los más genuinos representantes de la vida para Nietzsche.

Un cuarto motivo de crítica hacia Sócrates se refiere a su **teoría del intelectualismo moral** que identifica bien y conocimiento: *"Trato de entender de qué idiosincrasia procede esa ecuación socrática de razón = virtud = felicidad: esa ecuación, la más extravagante que existe (...)"*. En efecto, según Sócrates aquella persona que conoce lo que es el bien (y para él es posible acceder a este conocimiento) se comportará inevitablemente de modo bueno; la persona que actúa mal manifiesta, en realidad, su completa ignorancia sobre lo que es bueno. Para Nietzsche la razón nunca puede ser sinónimo de lo bueno ni nunca puede llevar a alcanzar la felicidad. Por el contrario, lo único que hace es contribuir a empobrecer nuestra vida encadenándonos a una mentira. Más aún, esa identificación entre razón y virtud es la gran enemiga de los instintos que son lo más genuino de la vida: *"(...) tiene en contra suya, en particular, todos los instintos del heleno más antiguo"*.

Aforismo 5

Sócrates es, además, el principal responsable del triunfo de la dialéctica entendida como arte de argumentar (un motivo añadido a los anteriores): *"Con Sócrates el gusto griego da un cambio brusco a favor de la dialéctica (...)"*. ¿Y qué tiene esto de malo? Para Nietzsche la dialéctica ha sido una de las principales armas que han contribuido al triunfo de la plebe, del rebaño, frente a los mejores: *"(...) la plebe se sitúa arriba con la dialéctica"*.

Antes de Sócrates el arte de argumentar era considerado como "malas maneras", como algo negativo, como una muestra de mala educación, porque la gente realmente honorable no tiene por qué exhibir de modo público sus razones. *"Es poco valioso lo que tiene que ser demostrado"*, pues, si son válidas, no es necesario perder el tiempo demostrándolas (a no ser que se trate de un individuo vanidoso que quiera hacer ostentación de sus conocimientos); y si no lo son, simplemente se está intentando engañar a los demás. Las personas que realmente poseen autoridad no necesitan dar razones, simplemente dan órdenes, tal y como hacen los líderes carismáticos: ellos no piden, ni sugieren, y mucho menos ruegan, sólo mandan mientras los borregos, incapaces de tomar sus propias decisiones, obedecen.

Sócrates era, según Nietzsche, un pobre hombre incapaz de convivir con sus instintos y por ello se vio obligado a utilizar la única arma que tenía a su alcance: los juegos lingüísticos. De este modo se convirtió en un payaso que divertía a la gente y al cual toleraron mientras les hizo gracia. Esta versión de Sócrates no se aleja demasiado de la que nos han transmitido alguno de sus contemporáneos: Aristófanes, por ejemplo, en su comedia *Las nubes* nos ofrece una imagen caricaturesca de Sócrates no muy diferente de la que Nietzsche nos acaba de dar.

Como conclusión de estos aforismos podríamos decir que Nietzsche denuncia a Sócrates porque con él se inicia el camino por el que posteriormente ha transcurrido toda la historia de la cultura occidental y que se caracteriza, entre otras cosas, por la suplantación de los instintos por parte de la lógica y de la razón.

Aforismo 6

Siguiendo con su análisis crítico a la dialéctica socrática Nietzsche afirma que el arte de argumentar tiene un escaso valor práctico y no deja de ser un último recurso desesperado de aquellos que, como Sócrates, son débiles, no tienen otras armas a su alcance y manifiestan una postura decadente ante la vida: *"Solamente se elige la dialéctica cuando no se tiene ningún otro medio. Se sabe (...) que ella persuade poco"*. ¿Cuántas veces sucede que, en un debate en el que se defienden puntos de vista diferentes y contrarios, los argumentos que se dan desde una y otra parte no suelen convencer a nadie y, al acabar la discusión, cada uno de los participantes sigue defendiendo la misma postura que tenía en un primer momento?

"Es necesario que uno tenga que obtener por la fuerza *su derecho (...)"*. Esta es la propuesta de Nietzsche, pero... ¿qué ocurre cuando no se tienen fuerzas suficientes para ello? ¿Qué ocurre cuando nuestra propia decadencia nos impide cumplir con este objetivo vital? Entonces no nos queda más remedio que acudir a un placebo que nos dé la apariencia de lograr lo que en verdad hemos sido incapaces de conseguir por nuestras propias fuerzas. Ese placebo es la dialéctica: *"La dialéctica sólo puede ser* legítima defensa *en las manos de quienes no tienen ya otras armas"*. Quizá Nietzsche no estuvo muy afortunado al despreciar de este modo el arte argumentativo y su capacidad de convicción (aunque en el aforismo siguiente veremos la explicación a este aparente error). La historia nos ha

mostrado en más de una ocasión como un uso perverso de la argumentación puede llevar a la manipulación completa de las masas. Precisamente uno de los pueblos que más sufrieron este efecto fue precisamente aquel al que Nietzsche acusa de abusar del mismo: los judíos (*"Por eso los judíos fueron dialécticos"*) quienes, al igual que Sócrates tuvieron que recurrir a la argumentación para obtener aquello que mediante sus propias fuerzas nunca podrían haber conseguido.

Al final del aforismo se hace una alusión al zorro Reinecke, un personaje que protagoniza multitud de antiguos poemas y fábulas, cuyas principales características son su astucia y el parloteo incesante con el que lograba siempre convencer a los demás y salirse con la suya. El zorro Reinecke sería, en definitiva, un buen ejemplo de cómo actúa un dialéctico, y podría ser perfectamente una reencarnación del propio Sócrates.

Aforismo 7

La dialéctica socrática, tal y como es utilizada por Platón en sus diálogos, constaba de dos fases: la ironía y la mayéutica. Nietzsche se refiere en este aforismo a la primera. La ironía consistía en empezar admitiendo tanto nuestras propias limitaciones (el famoso "sólo sé que no sé nada" socrático) como las de nuestros interlocutores. Ello se lograba haciendo caer a los adversarios en errores y contradicciones.

Para Nietzsche, esta ironía es otra muestra del resentimiento plebeyo de Sócrates hacia aquellos que son mejores que él, a los que intenta dejar en ridículo en público (recordemos los interlocutores de Sócrates en los diálogos de Platón) ejerciendo así su miserable venganza de la única manera que le era posible: *"¿Es la ironía de Sócrates una expresión de (...) resentimiento-plebeyo? (...) ¿se* venga *él de los aristócratas (...)?, ¿es la dialéctica en Sócrates sólo una forma de la* venganza*?"*. Efectivamente, Nietzsche concluye que lo es: detrás de la dialéctica socrática no hay un deseo sincero de buscar la verdad (por mucho que él y su discípulo Platón nos intentaran convencer de lo contrario). Sólo encontramos un simple y miserable deseo de venganza, para el cual utilizó la única arma que estaba a su alcance, un arma a la que ahora sí le reconoce su peligrosidad, y que fue utilizada contra aquellos que habiendo ya entrado en franca decadencia se mostraron incapaces de enfrentarse a ella: *"Uno tiene en la mano, en cuanto dialéctico, un instrumento implacable; con él puede hacer de tirano (...)"* siempre que los demás sean tan débiles y decadentes como para permitírselo. No obstante, la dialéctica nunca será un digno rival para aquellos que poseen una voluntad de poder fuerte, pues estos no atienden a razones sino que imponen su fuerza vital.

Aforismo 8

Es importante tener enemigos fuertes que se nos opongan, pues nuestra voluntad de poder necesita de ellos para reafirmarse. Por eso a veces resulta imprescindible reconocer los puntos fuertes del adversario. Así, en este breve aforismo nuestro autor subraya alguno de los méritos de Sócrates: por un lado *"(...) descubrió una nueva especie de* agon *[competición] (...). Él fascinaba en la medida en que tocaba el impulso agonal de los helenos, – él introdujo una variante en la modalidad griega de lucha entre los jóvenes y los adolescentes"*. En un primer momento podríamos sentir la tentación de interpretar literalmente este aforismo pues es sabido el aprecio que sentían los griegos por la lucha gimnástica. Sin embargo las palabras de Nietzsche han de tomarse una vez más en sentido metafórico. En efecto: el concepto de *agon* es clave en el pensamiento griego y sin duda quien mejor lo reflejó y lo entendió fue Heráclito. Para éste la realidad misma era una continua lucha de contrarios lo cual explica que todo esté en continuo cambio. Pero Sócrates y sus seguidores pervirtieron este mensaje e introdujeron una nueva concepción del *agon*: la dialéctica entendida como una lucha lingüística. Aun así hay que reconocer el mérito de haber inventado esta nueva especie de lucha a la que no se le puede negar su capacidad seductora, por muy despreciable que le resulte a Nietzsche.

Quizá resulte más curiosa la afirmación de que *"Sócrates fue también un gran* erótico". Para entenderla, tengamos en cuenta las palabras de Platón en uno de sus más famosos diálogos, *El Banquete*. Allí se nos cuenta, en un relato mitológico inventado por el propio Platón, cómo Eros (el dios del amor y de la atracción sexual) era hijo de Poros (el recurso) y de Penia (la pobreza). Este origen familiar explica, siempre según Platón, que sea por una parte austero (pues ha aprendido los principales trucos para sobrevivir de su madre la pobreza) y por otra parte *"Que siempre trama algún ardid, ansioso de sabiduría y sagaz, filósofo durante toda su vida, terrible impostor, encantador y sofista"* (*El Banquete*: 203-d), características estas extraídas de su padre el Recurso. Pues bien, según Nietzsche, Sócrates sería precisamente una especie de encarnación de Eros por representar todos estos rasgos.

Aforismo 9

Otro mérito más atribuible a Sócrates es el de darse cuenta de ese ambiente general de decadencia que se estaba preparando: *"Pero Sócrates aún adivinó más cosas. (...) La misma especie de degeneración se preparaba en silencio en todo lugar (...)"* y esa degeneración consistía en el desenfreno de los instintos: *"En todas partes los instintos estaban en anarquía; en todas partes se estaba a dos pasos del exceso (...)"*. Ante esta decadencia él se presentó como el poseedor de la única cura posible: *"Sócrates comprendió que todo el mundo tenía necesidad de él, – de su remedio, de su cura, de su truco-personal para la auto-conservación (...) Los impulsos quieren hacer de tiranos, hay que inventar un* contratirano *que sea más fuerte..."*. El remedio que propuso Sócrates fue esclavizar a los instintos antes de que estos esclavizaran a él y a sus conciudadanos. Y ¿cuál es ese contratirano? La razón, la supuesta "salvadora". Pero, como ocurre a menudo, el remedio es peor que la enfermedad y fue en realidad una "apariencia de *cura*", una falsa cura, una cura errónea a la que, aun así, ha de reconocérsele su enorme éxito, pues la cultura occidental es una consecuencia directa de ella. De este modo, el payaso se convirtió en farsante; ya no hacía reír, más bien fue él quien se rió de todos.

Aforismo 10

La Razón se convirtió así en el último recurso posible, un recurso que nunca debería haber sido elegido si el tipo de hombres que buscaban esa solución hubiera tenido la capacidad de encontrar una alternativa. Pero fueron incapaces de hacerlo: *"(...) ni Sócrates ni sus «enfermos» eran libres de ser racionales, (...) era su* último *remedio. (...) se estaba en peligro, se tenía una única elección: o bien perecer o bien – ser* absurdamente racionales...". ¿Cuál es el peligro del que nos habla aquí Sócrates? El de acabar sometidos a la tiranía de los instintos. Para evitarlo se acabó cayendo en los brazos de un tirano mucho peor: la razón y su absurda manera de enfrentarse a la realidad destruyéndola y manipulándola. En definitiva, el origen de la razón y de sus dos "hijos" —la moral y la dialéctica— hemos de buscarlo en la situación de desorden y anarquía en la que se encontraban los instintos en la época de Sócrates, en la incapacidad manifiesta de sus contemporáneos para aprovechar los instintos en su propio beneficio.

Al final del aforismo Nietzsche utiliza una serie de metáforas para ejemplificar la relación entre la razón y los instintos que nos recuerda a la caverna platónica: por ejemplo, la oposición entre la luz diurna (que representaría a la razón) y los apetitos oscuros (que harían referencia a lo material, corporal y sensible). Así, mientras estos últimos nos arrastran "hacia abajo" poniéndonos en contacto con nuestra parte más terrenal e instintiva (la que Sócrates y Platón pretenden desacreditar y que precisamente reivindica Nietzsche), la razón nos impulsa "hacia arriba", al igual que aquel prisionero que logró escapar de la caverna para, siguiendo un escarpado camino ascendente, llegar al exterior donde se encontraba la "verdadera realidad". Esa "verdadera realidad" a la que sólo se puede acceder mediante la razón y que para Nietzsche no es más que una gran mentira: *"(...) contra los apetitos oscuros, una luz diurna – la luz diurna de la razón. Es necesario a toda costa ser inteligente, claro, lúcido: toda concesión a los instintos, a lo inconsciente, conduce hacia abajo..."*. El término "inconsciente" hay que entenderlo como aquello que escapa a la consciencia y que, sin embargo, es la motivación última y escondida de nuestras actuaciones. Una motivación que, al estar tan ligada a lo instintivo y a lo sensitivo, es rechazada por Sócrates y Platón.

Aforismo 11

Efectivamente, para Nietzsche este recurso a la razón, a la "racionalidad a toda costa" como última y única salvación fue un tremendo error: luchar contra la decadencia mediante la razón nos hace caer en la misma decadencia que pretendíamos combatir. *"Es un autoengaño por parte de los filósofos y moralistas imaginarse que, por hacer la guerra contra la* décadence, *ya salen de ella. (...) lo que ellos escogen como remedio, como salvación, no es a su vez más que una expresión de la* décadence *– ellos* alteran *la expresión de ésta, pero a ella misma no la eliminan"*. La pretendida cura, combatir los instintos, no era más que una enfermedad distinta que consistía en una *"(...) vida lúcida, fría, cauta, consciente, sin instinto (...)"*.

En este aforismo califica al cristianismo como moral de mejoramiento: *"(...)* toda la moral-del-mejoramiento, también la cristiana, fue un malentendido*..."*. Este concepto de "mejoramiento" es central en el capítulo "Los «mejoradores» de la humanidad". Lo explicaremos, pues, a partir de la pág. 116.

Sólo será posible salir de esa decadencia mediante una estrategia totalmente distinta a las utilizadas hasta el momento. Esa estrategia, la propuesta por Nietzsche, consiste en la transmutación de todos los valores, la reivindicación de la voluntad de poder y la afirmación positiva de la vida y sus instintos, características estas que ya conocemos como propias del pensamiento nietzscheano: *"(...) mientras la vida* asciende, *felicidad es igual a instinto"*.

Aforismo 12

Como conclusión a este primer capítulo Nietzsche se plantea una inquietante pregunta: ¿fue Sócrates un engañador que hizo caer a todos en su trampa o en realidad se autoengañó y creyó las mentiras que él mismo había creado?

A partir de esta última posibilidad Nietzsche sugiere que, al darse cuenta de ello (o quizá para perpetuar ese engaño convirtiéndose así en víctima y en mártir), Sócrates provocó su propia condena a muerte y luchó a toda costa para que se cumpliera (sus discípulos tenían preparado un plan de escape que el propio Sócrates rechazó). La muerte de Sócrates no fue, por lo tanto, ni un asesinato ni un cumplimiento de sentencia: fue más bien un suicidio que, de alguna manera, nos recuerda también la muerte de otro personaje ilustre: Jesucristo. *"Sócrates* quería *morir: – no se la dio Atenas,* él *se dio la copa de veneno, él obligó a Atenas a darle la copa de veneno..."*.

LA «RAZÓN» EN LA FILOSOFÍA

No es casualidad que la palabra "Razón" aparezca entrecomillada en el título de este ensayo: para Nietzsche la razón es manipuladora y engañadora, es el instrumento del que se ha servido la filosofía para crear una imagen falsa de la realidad y hacérnosla pasar por verdadera. Mientras que para la cultura occidental "razón" es sinónimo de "verdad" y "conocimiento objetivo", para Nietzsche es justamente todo lo contrario: es la principal responsable de nuestro alejamiento de una realidad siempre cambiante sólo experimentable mediante nuestros sentidos.

Aforismo 1

Nietzsche señala cuatro características negativas de los filósofos que están íntimamente relacionadas entre sí (a ellas se refiere con "idiosincrasia"):

a) **Su carencia de sentido histórico**. La historia es un continuo cambio y el cambio es algo que los filósofos, mediante su razón "inmovilizadora", no están dispuestos a aceptar: *"Los filósofos creen tributar un* honor *a una cosa cuando la deshistorizan, (...) cuando hacen de ella una momia"*. Es decir, ellos pretenden que sus verdades tengan un valor eterno, que valgan para siempre, sin tener en cuenta que cada "verdad" lo es, en todo caso, en una cierta época y que, por tanto, es una pretensión vana querer convertirla en universalmente válida. Así por ejemplo, encontramos hoy en día personas que creen que Eva fue hecha a partir de una costilla de Adán o que el diluvio universal ocurrió tal y como nos lo narra el Antiguo Testamento, sin tener en cuenta que esos relatos son simples mitos que en su momento cumplieron una cierta labor explicativa pero que en ningún caso poseen una validez universal. Lo mismo exactamente ocurre con los filósofos que pretenden convertir los conceptos inventados por ellos en verdades eternas e imperecederas.

b) **Su odio a la representación misma de devenir**. Está directamente relacionado con lo anterior porque el devenir no es más que el cambio, un cambio que nuestros sentidos nos presentan en su realidad pero que nuestra razón insiste en negar. Precisamente por ello, a lo largo de la historia del pensamiento todos los filósofos han elegido una supuesta realidad fija e inmutable a la que llaman "ente" o "ser". *"La muerte, el cambio, la edad, así como la procreación y el crecimiento son para ellos objeciones, – incluso refutaciones. Lo que es no* deviene*; lo que deviene no* es..." apuntilla Nietzsche parafraseando la famosa afirmación de Parménides: "El ser es, el no-ser no es".

c) **Su egipticismo.** Esta expresión es una alusión a dos de los rasgos más característicos de la cultura egipcia: 1) La construcción de las pirámides, edificaciones macizas, pétreas, imperecederas. 2) La técnica de momificación: un cuerpo momificado se convierte en algo rígido, casi petrificado, que puede mantener la misma apariencia durante siglos y siglos. Algo similar es lo que pretende hacer la filosofía con la realidad: petrificarla mediante sus conceptos. De ahí que, en ocasiones, Nietzsche se refiera al resto de los filósofos (salvo honrosas excepciones) como "filósofos-momia": *"Todo lo que los filósofos han venido manejando desde hace milenios eran momias-conceptuales"*.

d) **Su monótono-teísmo.** Los filósofos introducen la creencia en algún tipo de entidad o ser superior que representa el culmen de todas las perfecciones y que se convierte en el símbolo de lo que siempre permanece y nunca cambia. Nietzsche juega irónicamente con la palabra "monoteísmo" y lo convierte en "monótono-teísmo", pues nada hay más monótono que una divinidad que siempre permanece igual: *"¡Ser filósofo, ser momia, representar el monótono-teísmo con una mímica-de-sepulturero!"*.

Como los filósofos no encuentran lo que buscan en el mundo cambiante acaban considerándolo un engaño. El papel protagonista en ese supuesto engaño lo desempeñan los sentidos, los auténticos "malos de la película": *"¿dónde se esconde el engañador?» – «Lo tenemos, gritan muy felices, ¡es la sensibilidad! Estos sentidos (...) nos engañan acerca del mundo* verdadero*"*. Los filósofos nos hacen creer que lo único auténticamente real (la experiencia del mundo cambiante que nos muestran los sentidos) es en realidad falso y aparente, mientras que las mentiras e ilusiones creadas mediante la razón obtienen el rango de auténtica realidad: *"decir no a todo lo que otorga fe a los sentidos (...) ¡Y, sobre todo, fuera el* cuerpo, *esa deplorable* idée fixe *[idea fija] de los sentidos!"*.

La filosofía occidental ha supuesto una condena de todo lo que tenga que ver con la sensibilidad y con lo sensitivo, lo cual significa para Nietzsche un alejamiento radical de todo aquello que es verdaderamente importante y que caracteriza a la vida en toda su plenitud. Pero es un proyecto condenado de antemano al fracaso. Aunque rechacemos los sentidos, su testimonio está ahí, no lo podemos ocultar: por mucho que lo intentemos, dicho testimonio *"(...) es lo bastante atrevido para portarse como si fuera real"*, por muchos argumentos que construya la razón para negarlos, la realidad de los sentidos es por sí innegable.

Aforismo 2

Si Sócrates encarnaba todo aquello que Nietzsche rechaza, otro filósofo griego, sin embargo, merece algunos de los pocos elogios que Nietzsche concede a los integrantes de ese gremio: *"Pongo aparte, con alta consideración, el nombre de* Heráclito*"*. Heráclito de Éfeso pertenece al llamado grupo de filósofos presocráticos. La mayoría de ellos (con Parménides y los eleatas a la cabeza) despreciaban el testimonio de los sentidos por mostrarnos una apariencia de la realidad (un mundo siempre cambiante y variable). Heráclito rechazaba también dicho testimonio (*"También Heráclito fue injusto con los sentidos"*) aunque por distinto motivo: la información que nos suministran también está falseada pero precisamente porque nos muestran cosas estables, fijas, rígidas. Por ejemplo: si veo una manzana me da la impresión de estar viendo una "cosa fija" e inmutable, que permanece y es la misma a lo largo del tiempo, y no un simple compendio de sensaciones diversas y siempre variables, como la incidencia de un color sobre una determinada superficie (color que, además, varía según cómo la luz lo vaya iluminando), un aroma que capta mi olfato, etc. Por lo tanto, también para Heráclito los sentidos muestran una apariencia de la realidad, aunque llega a esa conclusión con argumentos totalmente diferentes a los del resto de filósofos: *"(...) él rechazó su testimonio porque mostraban las cosas como si tuvieran permanencia y unidad"*.

Pero, según Nietzsche, tanto los unos como el otro están equivocados pues los sentidos no mienten. Los sentidos nos muestran una realidad siempre cambiante, la única realidad: *"Siempre que muestran el devenir, el perecer, el cambio, los sentidos no mienten"*. La mentira se introduce cuando la razón se dedica a interpretar los datos de los sentidos (ese fue el error de Heráclito) y considera que esa interpretación es lo auténticamente real, relegando todo lo demás a simple y mera apariencia (ese fue el error de todos los demás filósofos): *"Lo que nosotros* hacemos *de su testimonio, eso es lo que en primer lugar introduce la mentira, por ejemplo, la mentira de la unidad, la mentira de la coseidad, de la substancia, de la permanencia... La «razón» es la causa de que nosotros falseemos el testimonio de los sentidos"*.

La razón es, por consiguiente, la principal responsable de nuestra falsa creencia en la existencia de cosas estables —el propio concepto de "cosa" es ya un falseamiento, "la mentira de la coseidad"— e idénticas a sí mismas ("la mentira de la unidad"). Lo único real es lo siempre cambiante y diferente en cada una de nuestras diversas experiencias.

Así, pues, el mundo que la mayoría de los filósofos califica de "aparente" es para Nietzsche el único mundo real, mientras que esa "realidad" que, dicen, sólo es accesible mediante la razón, no es más que una simple ficción y una mentira: *"El mundo «aparente» es el único: el «mundo verdadero» no es más que una* mentira añadida*"*. Fijémonos que Nietzsche siempre entrecomilla ese supuesto "mundo verdadero" del que se ocupan los filósofos, indicando la radical falsedad del mismo.

Aforismo 3

El aforismo se inicia con una curiosa reflexión sobre la nariz. Nietzsche la considera injustamente desprestigiada, sin que le falte razón pues nuestra cultura ha situado en una posición privilegiada a la vista. Los ojos son considerados un órgano más importante que la nariz y, si nos viéramos obligados a elegir, sin duda preferiríamos perder el olfato antes que la vista.

Este punto de vista ha sido fortalecido desde posiciones filosóficas: en el mito de la caverna Platón utiliza en todo momento metáforas que relacionan la vista con el conocimiento. Además no olvidemos que los ojos nos permiten mirar hacia arriba y para Platón, y la mayoría de los filósofos-momia, esto ha de entenderse tanto en un sentido literal como metafórico. Por contra, el olfato nos hace retroceder a nuestro pasado más animal. En la mayoría de los animales el olfato juega un papel más importante que la vista (huelen un peligro mucho antes de haberlo visto). Y, lo que es aún "peor", para poder seguir un rastro los animales ponen su nariz a ras de suelo. Mientras los ojos nos permiten mirar hacia arriba (el conocimiento "verdadero") la nariz nos arrastra hacia abajo (lo material, lo sensible). No se trata, por supuesto, de que Nietzsche renuncie o rechace los demás sentidos; muy por el contrario exige que seamos conscientes de la enorme importancia de todos y cada uno de ellos, incluso de aquellos que han sido tan maltratados por los filósofos-momia como el olfato.

No olvidemos además que, por mucho que la filosofía haya despreciado a los sentidos, es innegable que todo razonamiento científico tiene su origen en ellos, y que son la base del método experimental que caracteriza a la ciencia: *"Hoy nosotros poseemos ciencia exactamente en la medida en que nos hemos decidido a* aceptar *el testimonio de los sentidos (...)"*. Démonos cuenta de que la palabra "aceptar" está en cursiva lo cual (como suele ocurrir con nuestro autor) no es en absoluto casual: si bien la ciencia experimental parte del testimonio de los sentidos, lo cierto es que el uso o más bien el abuso que hace de dicho testimonio acaba convirtiendo el conocimiento científico en un auténtico engendro, en una realidad ficticia. Las leyes científicas lejos de ser leyes de la realidad, sólo son un invento útil de la propia ciencia.

Pero todavía es peor la situación de todos aquellos saberes no-experimentales a los que Nietzsche parece situar en un mismo saco: *"El resto es monstruosidad y todavía-no-ciencia: quiero decir, es metafísica, teología, psicología, teoría del conocimiento.* O *ciencia-formal, teoría de los signos: como la lógica, y esa lógica aplicada, la matemática. En ellas la realidad no llega a aparecer, ni siquiera como problema (...)"*, pues estas disciplinas ni siquiera disimulan su origen totalmente ajeno a lo real. Todas ellas nos hablan de mundos ficticios, irreales y rechazables (como la teología o la psicología) o bien no nos hablan de nada material y sensible, no son más que combinaciones de signos o números, como la lógica o la matemática.

Aforismo 4

Otra característica de los filósofos *"(...) consiste en confundir lo último y lo primero"*. ¿Qué quiere decir esto? Según Nietzsche, lo primero tendría que ser aquello que está más cercano a la auténtica realidad, es decir, los datos experimentados por los sentidos. A partir de ellos la razón ha ido alejándose cada vez más y, al final del proceso, acaba por construir todo un mundo de conceptos que nos alejan por completo de la única realidad válida: *"los «conceptos más elevados», es decir, los conceptos más generales, los más vacíos, el último humo de la realidad que se volatiliza"*.

Pero la filosofía ha logrado invertir hábilmente este punto de vista y ha convertido lo último en lo primero. Es decir, nos ha hecho creer que esos conceptos inventados por la razón reflejan la auténtica realidad y son el único medio adecuado para llegar a conocerla, mientras que los sentidos (lo primero para Nietzsche) son desterrados y menospreciados, considerados falsos y engañadores, convirtiéndose así en lo último de lo último.

Como obra final, y maestra, de esta construcción ficticia de la razón se acaba convirtiendo en "lo primerísimo" (para Nietzsche debería ser lo "ultimísimo") a aquello que no procede de ninguna otra cosa, que sólo se tiene como causa a sí mismo pues *"a lo superior no le es* lícito *brotar de lo inferior, no le es* lícito *haber brotado absolutamente de nada"*. Así es como aparecen los conceptos básicos de la metafísica: *"el bien, lo verdadero, lo perfecto"*, que acaban siendo personificados en el concepto de Dios (el más bueno, lo más verdadero, el ser más perfecto), para Nietzsche, el alejamiento supremo de la realidad: *"Con esto tienen los filósofos su estupendo concepto «Dios»... Lo último, lo más diluido, lo más vacío es puesto como lo primero, como causa en sí, como* ens realissimum *[ente realísimo]..."*.

El aforismo acaba con un lamento de Nietzsche por el éxito que ha tenido toda esta empresa falseadora de la realidad a partir de conceptos vacíos como el de "Dios", "Bien", "Verdad", etc., que ha supuesto "matar" lo sensible, lo instintivo, lo más original de la vida: *"¡Que la humanidad haya tenido que tomar en serio las dolencias cerebrales de unos enfermos tejedores de telarañas! – ¡Y lo ha pagado caro!..."*.

Aforismo 5

Nietzsche deja muy claro que su postura es radicalmente opuesta a esa versión oficial de la filosofía y la cultura occidental: *"En otro tiempo se tomaba la mutación, el cambio, el devenir en general como prueba de apariencia, como signo de que ahí tiene que haber algo que nos induce a error"*. Se refiere a aquellos que han edificado toda la cultura occidental sobre una mentira, intentando convencernos de que los sentidos nos mienten pues nos muestran una "mera apariencia". Para estos embaucadores el error estaba en los sentidos y no en la razón, la auténtica embustera para Nietzsche, la creadora de mundos ficticios.

Pero el problema es aún más grave pues, a pesar de que podemos llegar a ser conscientes de este error, nos hemos acostumbrado tanto a él, nos ha hecho la vida tan fácil y cómoda, que ya no podemos prescindir de él. Lo necesitamos para seguir viviendo en este mundo creado a nuestra imagen y semejanza, un mundo en el que todo es estable e invariable y, por ello, supuestamente accesible a nuestro conocimiento: *"(...) el prejuicio-de-la-razón nos fuerza a poner unidad, identidad, permanencia, substancia, causa, coseidad, ser, nos vemos en cierto modo enredados en las mallas del error,* necesitados *de error; aun cuando (...) estemos muy seguros* de que *ahí está el error. Ocurre con esto lo mismo que con los movimientos del gran astro (...)*": aunque todos sabemos que es la Tierra la que gira alrededor del sol, seguimos utilizando expresiones como "el sol sale" o "el sol se pone" dejándonos engañar por este tipo de expresiones, al igual que lo hacemos por las ficciones producidas por nuestra razón. Nos es más cómodo creer en ellas, por muy convencidos que estemos de su falsedad, que tener que enfrentarnos a esa sinfonía caótica que es la vida, tarea para la cual sólo unos pocos están preparados. De este modo, al igual que el ojo nos engaña al hacernos creer que es el sol quien se mueve a nuestro alrededor, igualmente el lenguaje nos engaña al hacernos creer que sus palabras reflejan la realidad: *"en tales movimientos el error tiene de abogado permanente a nuestro ojo, en lo anterior, a nuestro* lenguaje*"*.

Desgraciadamente, aun cuando sabemos que nos conduce al error, nos vemos obligados a usar el lenguaje para comunicarnos y convivir con los demás y es el lenguaje quien se convierte en el mejor abogado defensor de ese error y de su perpetuidad. Mediante el lenguaje, por puro fetichismo dice Nietzsche, les aplicamos a las cosas (hablar de "cosas" es ya una ficción, una trampa del lenguaje) cualidades que no les corresponden y creamos entidades ficticias que no poseen ninguna existencia real (entendemos aquí por fetichismo atribuir de manera irracional ciertas cualidades a ciertos objetos tal y como hace aquel individuo que atribuye buena suerte a una herradura, o como cuando creamos conceptos y les asignamos un significado creyendo erróneamente que éste se encuentra en la realidad).

Uno de esos conceptos producidos por ese fetichismo del lenguaje sería el de **"causa"**. En el fragmento póstumo 14 [98] Nietzsche decía al respecto: *"Causa es un poder de producir efectos, inventado para ser añadido al acontecimiento"*. El concepto "causa" ha sido inventado por la razón humana para intentar dar una explicación lógica al cambio continuo que es el devenir, para intentar dar un rigor y una coherencia a aquello que ni lo tiene, ni pretende tenerlo. De este modo, es también un producto del fetichismo del lenguaje. Utilizamos frases con la estructura sujeto-predicado y ello nos hace pensar que dicha estructura debe tener un reflejo en la realidad: el sujeto se correspondería con la causa y el predicado con el efecto, lo que, insistimos, es sólo una invención de la razón. De este modo, Nietzsche adopta aquí una postura similar a la de Hume quien también consideraba que la "causa" no tiene más fundamento real que nuestro hábito o costumbre de observar que ciertas cosas han ocurrido siempre igual. Pero esto no nos autoriza a concluir que exista una conexión necesaria entre causa y efecto y que en el futuro las cosas sigan ocurriendo del mismo modo.

Otro de esos conceptos fetichistas es el de **"yo"**: *"(...) cree en la voluntad como la causa en general; cree en el «yo», cree en el yo como ser, en el yo como substancia, y* proyecta *sobre todas las cosas la creencia en la substancia-yo – de este modo* crea *ante todo el concepto «cosa» (...) Hoy sabemos que no es más que una palabra..."*, pero no una palabra cualquiera, puesto que se ha convertido en el núcleo central de la filosofía moderna que lo sitúa como punto de arranque de toda reflexión a partir de Descartes y su famoso "Pienso, luego existo".

Para Nietzsche, sin embargo, ese "yo" no se corresponde con ninguna realidad, no es más que una ficción útil creada por el lenguaje para hacernos más fácil la comunicación y, por tanto, la vida. Son innumerables las expresiones lingüísticas en las que aparece el término "yo", de modo que no podríamos ya concebir el lenguaje sin esta palabra. O sin otras igual de falseadoras, como la palabra **"ser"**, utilizada en todos los casos en los que queremos definir o señalar algo, y que los eleatas convirtieron en el fundamento de la realidad: *"De hecho, hasta ahora nada ha tenido una fuerza de persuasión más ingenua que el error acerca del ser, tal como lo formularon, por ejemplo, los eleatas: ¡ese error tiene en favor suyo, en efecto, cada palabra, cada frase que nosotros pronunciamos!"*. Efectivamente nos resulta imposible escapar de la esclavitud a la que nos somete la palabra "ser"... y si no intentemos explicar lo que es (¡ya la hemos utilizado!) cualquier objeto sin hacer uso de ella.

No contenta con esto, la razón proporciona un origen más honorable a los conceptos que ella misma ha inventado. Como la experiencia es considerada indigna y merecedora de desprecio (*"estas mismas categorías no podían proceder de la empiria"*) dicho origen se sitúa en algo más perfecto y casi divino: en la antigua India se hablaba de la reencarnación (conocemos esos conceptos porque nuestra alma, en la cual reside la capacidad racional, ha vivido anteriormente en otros cuerpos y ha adquirido conocimientos previos), idea que fue recogida en la filosofía griega por los pitagóricos y por Platón. Este último consideraba que el alma en su viaje entre cuerpo y cuerpo habitaba en el mundo de las Ideas donde conocía los conceptos absolutos (Bien, Belleza, Verdad, Justicia...). Pero al volver a un cuerpo material dichos conocimientos quedaban olvidados. Por ello el proceso educativo consistía para Platón en recordar aquello que nuestra alma ya sabía pero que había olvidado: *"Y tanto en la India como en Grecia se cometió el mismo desacierto: «nosotros tenemos que haber vivido ya alguna vez en un mundo más alto (...), nosotros tenemos que haber sido divinos,* ¡pues *tenemos la razón!»..."*. Es de este modo como se crea un mundo ficticio al que calificamos de auténticamente real.

Incluso en la época ilustrada, en la que la razón era soberana y señora y ya no quedaba lugar alguno para estas explicaciones tan "espiritualizadas", Kant se empeñó en restarle mérito a la experiencia empírica y situó el origen de esos conceptos o categorías puras del entendimiento en la propia capacidad racional totalmente *a priori* e independiente de cualquier experiencia. Es a él a quien se refiere Nietzsche cuando dice:

"Mucho más tarde, en un mundo mil veces más ilustrado, llegó de sorpresa a la consciencia de los filósofos la seguridad, *la* certeza *subjetiva en el manejo de las categorías-de-la-razón: ellos sacaron la conclusión de que estas mismas categorías no podían proceder de la empiria, – la empiria entera, decían, está, en efecto, en contradicción con ellas".*

El poder seductor del lenguaje es tan fuerte al falsear y deformar la experiencia real de la vida que incluso ha afectado a otro de los pocos filósofos respetados por Nietzsche por defender una visión materialista del universo, Demócrito. Sus átomos, que constituyen los últimos elementos constituyentes de la realidad, sólo son para Nietzsche otros conceptos lingüísticos inventados por la razón para dar una explicación a dicha realidad. ¿O es que acaso Demócrito vio alguna vez un átomo?

Por eso concluye: *"Temo que no vamos a librarnos de Dios porque continuamos creyendo en la gramática"*. El concepto de "Dios" es una creación lingüística utilizada para referirnos a un supuesto ser poseedor de todas las perfecciones y fundamento último de la realidad; pero para Nietzsche constituye el máximo alejamiento posible de la misma y simboliza a la misma metafísica. Aunque eliminemos a Dios, mientras no utilicemos otro lenguaje diferente, el error se perpetuará por los siglos de los siglos en palabras que representan la misma visión falsa de la realidad: "causa", "yo", "substancia" o "ser". Nietzsche se encargó de desvelar su mentira más radical a través de su genealogía del lenguaje.

Aforismo 6

Nietzsche concluye el capítulo resumiendo las cuatro ideas principales desarrolladas a lo largo del mismo: *"(...) así facilito la comprensión, así provoco la contradicción"*. ¿A qué se refiere con provocar la contradicción? Por un lado podría referirse al hecho de que las tesis que ha defendido, y que ahora se dispone a resumir, se contradicen con las enseñanzas que estamos acostumbrados a recibir a través de nuestra cultura. Por otra parte, también puede querer indicarnos que sus palabras pueden ser susceptibles de múltiples interpretaciones, algunas incluso contradictorias entre sí, pero todas ellas igualmente válidas (incluso su propio punto de vista no tiene que ser más válido que aquel que está criticando). Otra posible interpretación sería que Nietzsche, el gran crítico del lenguaje, está utilizando el propio lenguaje para realizar su crítica... y eso sin duda es contradictorio. Por último, quizá la contradicción se encuentre en el hecho de que Nietzsche pretenda "facilitar la comprensión" porque... ¿acaso no es precisamente esto lo que ha estado echando en cara continuamente a la razón occidental, que facilita nuestra comprensión del mundo a costa de falsearlo?

Pero pasemos a las cuatro tesis de Nietzsche que podemos dividir claramente en dos grupos: las dos primeras hacen referencia al nivel del conocimiento y de la realidad (epistemología y ontología) y las dos últimas a la moral, a la que Nietzsche da prioridad puesto que en ella se encuentra la motivación última de todo.

1) El único mundo real es el que experimento a través de los sentidos, que se encuentra cambiando continuamente; *"otra especie* distinta *de realidad es absolutamente indemostrable"* y, además, radicalmente falsa, una invención de la razón.

2) *"Los signos distintivos que se le han dado al «ser verdadero» de las cosas son los signos distintivos del no-ser, de la* nada". El mundo ficticio creado por los filósofos, que han intentado hacernos pasar por la auténtica realidad (el "ser verdadero"), ha sido creado y definido por oposición al mundo del devenir experimentable por los sentidos: así, mientras éste es continuamente variable, ellos hablan de una realidad inmutable de conceptos fijos que no se corresponde con nada, son conceptos vacíos, sin referente. Mientras en el mundo real (que para los filósofos-momia es simple apariencia) las cosas nacen y mueren, ellos otorgan eternidad a sus creaciones, ya sean las Ideas de Platón o el Dios cristiano: *"(...) se ha construido el «mundo verdadero» a partir de la contradicción con el mundo real: un mundo aparente de hecho (...)"*. Fijémonos una vez más en las comillas de la expresión "mundo verdadero". Para Nietzsche no hay nada más alejado de la verdad que estas ficciones filosóficas.

3) Aquellos que han sido responsables de la creación de esos mundos ficticios, donde todo ocurre como la razón quiere que ocurra, son en realidad unos resentidos de la vida, unos frustrados incapaces de enfrentarse al continuo cambio que supone la realidad: *"(...) nos* vengamos *de la vida con la fantasmagoría de una vida «distinta», de una vida «mejor»"*.

4) Por ello esos individuos, con su toma de partido contra la vida, representan la postura decadente que Nietzsche quiere denunciar: *"Dividir el mundo en un mundo «verdadero» y en un mundo «aparente», sea al modo del cristianismo, sea al modo de Kant (en último extremo, un cristiano* taimado*), no es más que una sugestión de la* décadence, *– un síntoma de vida* descendente...". Esta postura contraria a la vida que habíamos encontrado hasta el momento en el tándem Sócrates-Platón y en el cristianismo, tiene también otro representante en uno de los más grandes filósofos-momia de todos los tiempos: Kant. Supuestamente símbolo de la libertad y de la racionalidad ilustrada es en el fondo un

cristiano oculto (taimado, como dice Nietzsche). Con su distinción entre noúmeno y fenómeno perpetúa y mantiene ese error que ha sido la historia de la filosofía. Para una ampliación de esta crítica remitimos a las páginas 105-106 y al índice de nombres (KANT).

Se podría argumentar que los artistas también incurren en el mismo "pecado" pues en su obra (pictórica, literaria o del tipo que sea) también crean un mundo aparente (pensemos por ejemplo en el Macondo de García Márquez o en los mundos de El Bosco). Pero para Nietzsche ambas situaciones no son comparables por varios motivos:

a) Los filósofos-momia no se limitan a crear un mundo ficticio sino que pretenden hacernos creer que esa y no otra es la auténtica realidad. Los artistas, sin embargo, nunca han tenido tan altas pretensiones, su realidad aparente no deja de ser ficticia y forma parte del juego entre creador y espectador que ambos asumen de un modo natural. Crean su perspectiva, su punto de vista, que es perfectamente compatible con la perspectiva y los puntos de vista tanto de otros creadores como de los propios espectadores que también participan del proceso de creación.

b) La realidad aparente creada por los artistas no supone un rechazo al mundo del cambio continuo que muestran los sentidos y que tan maltratado ha sido por los filósofos. Los artistas crean su mundo propio partiendo del mundo real de los sentidos, por mucho que lo modifiquen o deformen, y siempre teniendo en cuenta que dicho mundo no es más que uno entre infinitos mundos posibles, una posible interpretación de la realidad entre otras muchas inagotables e incontables: *"(...) la realidad* una vez más, *sólo que en una selección, en una intensificación, en una corrección..."*, una "realidad" más, una perspectiva más, tan real o tan carente de realidad como cualquier otra.

c) Además el artista no es representante de una visión decadente de la vida como ocurría en el caso de filósofos y científicos. Al contrario, ellos son los que gozan de un modo más intenso tanto de los sinsabores como de los placeres de la vida a la que se enfrentan siempre de un modo optimista y vitalista: *"El artista trágico* no *es ningún pesimista, – dice precisamente* sí *incluso a todo lo problemático y terrible, es* dionisíaco...".

CÓMO EL «MUNDO VERDADERO» ACABÓ CONVIRTIÉNDOSE EN UNA FÁBULA

Historia de un error

En este breve capítulo Nietzsche nos da su particular versión de la historia de la filosofía, la historia de un gran error como indica en el subtítulo. Como es frecuente en nuestro autor, utiliza un estilo metafórico para llevar a cabo este itinerario y compara esa historia con el paso de la noche cerrada y oscura al mediodía más radiante.

La palabra "fábula" que aparece en el título no debe entenderse únicamente como sinónimo de ficción, sino que lleva consigo, además, la connotación moral que suele acompañar a toda fábula. Según Nietzsche, la creación del "mundo verdadero" por parte de los filósofos-momia ha acabado convirtiéndose en un problema moral, pues no es sólo la historia de un error sino, sobre todo, la historia de una mentira.

El punto de arranque de este peculiar recorrido lo sitúa Nietzsche no en los presocráticos, a los que parece respetar dejándolos al margen, sino en la figura de Platón cuyo pensamiento representa para Nietzsche lo más oscuro de la noche, el momento en el que la filosofía se aleja definitivamente del mundo cambiante y contribuye de este modo a fomentar y a apoyar la mentira en la que se ha basado la cultura occidental.

1) Cae la noche y la oscuridad lo invade todo: Platón y su teoría de las Ideas

Con Platón nos encontramos en el momento más lúgubre de la historia de la filosofía. Establece una distinción falsa entre mundo sensible o de los sentidos y mundo de las Ideas y, en el colmo de la pirueta argumentativa, pretende hacernos creer que el mundo experimentado por los sentidos es el aparente y que el mundo de las Ideas es el auténticamente real. Para Nietzsche esto no es más que una falsedad creada por la razón por la incapacidad de enfrentarnos a una realidad siempre cambiante.

"El mundo verdadero, alcanzable para el sabio, el piadoso, el virtuoso (...)". Siguiendo la estela del intelectualismo moral socrático, Platón identifica sabiduría y virtud. Al "mundo verdadero", el de las Ideas, sólo pueden acceder aquellos individuos (los sabios, los virtuosos) que han seguido un proceso educativo adecuado. Platón se considera en posesión de esa verdad, es uno de esos privilegiados que ha logrado acceder al "conocimiento verdadero" y, por lo tanto, es de recibo que se convierta en guía y mentor: "yo, Platón, soy la verdad". Pero, en realidad, hemos iniciado un viaje al corazón de las tinieblas, a la mentira más profunda, un viaje que afortunadamente puede ser revertido.

2) Medianoche, noche oscura y sin luna: aparece el cristianismo

El cristianismo es para Nietzsche una simple prolongación del platonismo. En el prólogo de *Más allá del bien y del mal* lo define como un platonismo para el pueblo. Aquí, de un modo más metafórico, señala que *"(...) la Idea (...) se hace más sutil, más insidiosa, más inaprensible,* – se hace mujer, *se hace cristiana..."*. El cristianismo convierte el mundo de las Ideas de Platón en el "más allá", en el "cielo", en el mundo espiritual gobernado y regido por Dios, al igual que el mundo de las Ideas estaba dominado por la Idea de Bien.

Que la idea se convierte en mujer pude resultar una idea extraña. Para entenderla hay que conocer la postura misógina que Nietzsche siempre sostuvo y que pudo ser consecuencia de diferentes factores: el ambiente familiar en el que se crió, rodeado únicamente de mujeres debido a la temprana muerte de su padre (Nietzsche tenía cinco años), sin duda, acabó por resultarle opresivo; el fracaso de sus escasas y no aceptadas declaraciones amorosas (es reseñable su tormentosa relación con Lou Andrea Salomé); incluso la sífilis que contrajo en su juventud y que tan perjudicial resultó para su salud física y mental.

Como consecuencia de ese carácter misógino Nietzsche hace de vez en cuando referencias como la anterior. Según él, la Idea comparte con la mujer algunas características: es sutil en el sentido de delicada y ligera; es inaprensible porque, al igual que las mujeres, resulta difícil de comprender; y, por último, es insidiosa porque aparenta mostrarnos la verdad cuando en realidad es engañosa y mentirosa... Como podemos ver, todo un catálogo de tópicos que hoy en día, pese a ser políticamente incorrectos, siguen presentes en algunos ámbitos del saber popular.

Entre estas características vamos a quedarnos con la de inaprensible porque, precisamente en ella, se encuentra la principal diferencia entre el mundo de las Ideas platónico y el cielo cristiano. En efecto: aunque el mundo de las Ideas es falso y erróneo en cuanto nos aleja de la auténtica realidad, al menos resulta accesible mediante el conocimiento. Sin embargo el cielo cristiano, al igual que las mujeres para Nietzsche, resulta inaprensible. Como mucho lo podremos alcanzar en un supuesto más allá si respetamos las normas que la propia religión cristiana nos impone: *"El mundo verdadero, inalcanzable por ahora, pero prometido al sabio, al piadoso, al virtuoso («al pecador que hace penitencia»)"*.

3) La neblina que precede al amanecer: Kant y su crítica de la razón

Nietzsche se refiere a Kant cuando dice: *"(...) la Idea se ha hecho sublime, pálida, nórdica, königsberguense"* puesto que Immanuel Kant era natural de Königsberg. Según Nietzsche, Kant sigue la estela platónica al establecer la distinción entre fenómeno y noúmeno.

Nuestro conocimiento, dice Kant, se reduce a los fenómenos, a los datos sensibles situados en un marco espacio-temporal aportado por el sujeto, pues sólo es cognoscible aquello de lo que podemos tener una intuición sensible. Así, cuando yo percibo un objeto (por ejemplo una manzana) tengo la intuición de una serie de datos sensibles: un color, un olor, un sabor... y esos datos los capto en un lugar determinado y en un momento de tiempo también concreto. Es cierto que sin "algo más" yo no podría decir que eso es un objeto al que voy a llamar "manzana" porque podría ocurrir que lo percibiéramos sólo como una mancha de color más o menos roja o verde, como un determinado olor, etc. Ese "algo más" lo aporta también el sujeto en el proceso de conocimiento: lo que Kant llama categorías o conceptos *a priori* del entendimiento, que son formas o esquemas de pensamiento vacíos de contenido y que se "rellenan" mediante el material que aportan los fenómenos. En este ejemplo el sujeto aplicaría la categoría de "substancia" (de "Cosa" o de "Objeto") y podría concluir que todos esos datos sensibles que ha percibido forman parte de un mismo objeto, cosa o substancia que llamamos "manzana".

Eso no quiere decir que los fenómenos y las categorías lo sean todo. Más allá de ellos existe otra realidad que, aunque incognoscible (está más allá del límite de lo que podemos tener una intuición sensible), constituye lo más auténticamente real para Kant: el "noúmeno" o "cosa en sí". Este noúmeno es el principal motivo de la crítica de Nietzsche. Es cierto que Kant tuvo el mérito de intentar situar los límites del conocimiento dentro de la experiencia sensible (de ahí que Nietzsche nos hable de su doctrina como la de aquel que ha captado algo de lo real aunque siga más envuelto en nieblas que en claros: *"En el fondo, el viejo sol, pero atravesando la niebla y el escepticismo"*). Pero su "noúmeno" es considerado como la enésima versión del mundo de las Ideas platónico, con la complicación añadida de que el noúmeno kantiano (al fin y al cabo el "mundo verdadero" para él) es *"(...) inalcanzable, indemostrable, imprometible (...)"*, jamás podremos dar una justificación racional del mismo, aunque sí podemos pensar en él. De este modo, aunque no podemos demostrar ni la inmortalidad del alma, ni la existencia de Dios (pues "alma" y "dios" son noúmenos que se encuentran más allá de nuestra capacidad de conocer) sí podemos pensar en ellos y convertirlos en imperativos, en obligaciones que gobiernen nuestra vida, al menos en el terreno moral, en el campo del comportamiento: *"(...) ya en cuanto pensado, un consuelo, una obligación, un imperativo"*. Un consuelo en cuanto que tenemos la seguridad de que existe esa realidad que se convierte en el ancla básica de nuestro pensar y de nuestro actuar; y una obligación porque de ella se derivan nuestras obligaciones morales.

4) Amanecer, el sol empieza a asomarse: el Positivismo

"El mundo verdadero – ¿inalcanzable? En todo caso, inalcanzado. Y, en cuanto inalcanzado, también desconocido*"*. Seamos consecuentes y coherentes: si ese supuesto "mundo verdadero" no podrá ser nunca conocido al estar más allá del límite de lo que se puede conocer, entonces ¿cómo es posible que se convierta en algo que nos obligue a comportarnos de una determinada manera? *"(...) ¿a qué podría obligarnos algo desconocido?..."*. No nos atemos a cosas desconocidas y sin sentido es la propuesta hecha por un nuevo movimiento filosófico con el que, al menos aparentemente, nos vamos separando cada vez más de esa oscuridad en la que se encontraba inmersa la filosofía: *"Primer bostezo de la razón. Canto del gallo del positivismo"*. Supone "un bostezo de la razón" en cuanto que nos vamos desperezando de la nefasta influencia que la razón estaba ejerciendo sobre nosotros, y "un canto del gallo" en cuanto que nos abre la posibilidad de una nueva interpretación de la vida en la que los sentidos vuelven a jugar un papel preponderante. Para el positivismo (corriente filosófica desarrollada por Augusto Comte) la creencia en realidades ultramundanas no tiene sentido, sólo hay un posible conocimiento verdadero: el que se establece mediante el método científico. Dicho método nos puede conducir a obtener verdades definitivas y, aunque aún no las hayamos alcanzado, al menos esa posibilidad queda abierta.

Sin duda esta eliminación de ese "mundo verdadero" que defendieron Platón, el cristianismo y Kant le debió parecer a Nietzsche una gran noticia. No obstante, opina que Comte sustituye el anterior "mundo verdadero" por otro (el accesible mediante el método científico) que es igual de falso que todas sus anteriores versiones. La ciencia no es más que otro de los instrumentos utilizados por la razón para fortalecer la mentira construida por ella misma. Mediante la ciencia la razón pretende hacernos creer que con sus leyes estamos describiendo el correcto funcionamiento de la naturaleza. Para los positivistas los sentidos nos muestran la realidad tal cual es y la ciencia es simplemente el instrumento que utilizamos para describir lo que nos manifiestan. Sin embargo, para Nietzsche, cuando los sentidos intervienen ya están interpretando y, por tanto, falseando el devenir siempre cambiante (en caso de poseer sentidos diferentes captaríamos un mundo sensible completamente distinto y, por lo tanto, habríamos construido un conocimiento científico y unas leyes que nada tendrían que ver con las que ahora manejamos). Las leyes de la ciencia no son leyes de la naturaleza, son leyes que ha creado nuestra razón para intentar hacer más comprensible la realidad aunque sea a cambio de falsearla, pues mediante esas leyes seguimos haciendo fijo, estable, regular, aquello que no es sino continuo cambio.

5) Es de día y el sol empieza a ascender por el cielo: el nihilismo activo

La sociedad occidental ha entrado en clara decadencia y crisis y nosotros debemos contribuir a la misma: primero eliminando todos sus restos y vestigios así como los valores sobre los que tradicionalmente se ha asentado. Después construyendo sobre sus ruinas nuevos valores que nada tengan que ver con los anteriores. Es pues la hora de acabar con todas esas falsas creencias que nos han mantenido atados a una visión deformada e interesada de la realidad: *"(...) una Idea que se ha hecho inútil, superflua,* por consiguiente *una Idea refutada: ¡eliminémosla!"*. La destrucción (nihilismo activo) es pues el paso previo a toda construcción, la señal inequívoca de que algo está, ahora sí, cambiando. Nosotros podemos contribuir a ese cambio, aunque no todos van a ser capaces de aportar su propia fuerza creativa. Si bien a todos nos resulta fácil destruir, no ocurre lo mismo con la capacidad de crear y construir; sólo unos pocos podrán ser capaces de esta acción y a ellos se refiere Nietzsche cuando habla del "ruido endiablado de todos los espíritus libres", con los cuales entramos ya en la última fase de esta historia.

6) Mediodía: comienza el superhombre

El sol se encuentra en el punto más alto del cielo por lo que los objetos ya no arrojan ningún tipo de sombra. Sin sombras ya no hay lugar para visiones decadentes de la realidad. El dominio oscurantista de la razón y de la cultura occidental ha llegado a su fin: *"Mediodía; instante de la sombra más corta; final del error más duradero (...)"*. El final definitivo de este error sólo será posible cuando, mediante nuestra propia voluntad de poder, seamos capaces de crear valores propios y vivir de acuerdo con ellos. Es entonces cuando podemos decir con propiedad que comienza la etapa del superhombre que Nietzsche expresa con "INCIPIT ZARATHUSTRA [COMIENZA ZARATUSTRA]" (*Así habló Zaratustra* es una de sus obras más importantes y en la cual se propone con pasión el concepto de superhombre).

De este modo hemos acabado por convertirnos en creadores de nuestros propios mundos, nos hemos convertido en nuestros propios dioses y nos hemos situado más allá de todo bien y de todo mal. La distinción entre mundo verdadero y mundo aparente que se inicio con Platón carece ahora de sentido y de valor (en realidad nunca lo tuvo pero ha sido ahora cuando todo ha podido salir a la luz), pues no hay ningún mundo real. Sólo existen diversas interpretaciones de la realidad, diversas perspectivas de la misma, y cada una de ellas tan válida como cualquiera de las otras. Por lo tanto, ni ninguna es la real ni tiene sentido hablar de un mundo aparente pues todos lo son: *"Hemos eliminado el mundo verdadero: ¿qué mundo ha quedado?, ¿quizá el aparente?... ¡No, de ningún modo!,* ¡al eliminar el mundo verdadero hemos eliminado también el aparente!".

Todas las interpretaciones y perspectivas de la realidad son fábulas, construcciones creadas por el sujeto según su propia capacidad de crear, según su propia voluntad de poder. El cristiano construyó su fábula y el superhombre construye la suya. ¿Cuál es la verdadera? Las dos, o ninguna de ellas, como mejor queramos expresarlo. Pero lo cierto es que Nietzsche se inclina claramente hacia la del superhombre. ¿Por qué? Porque al menos no intenta imponer su visión de la realidad a nadie. Nietzsche propone la convivencia de las múltiples interpretaciones de la realidad sin que ninguna de ellas se imponga a las restantes.

En realidad no es que el "mundo verdadero" se haya convertido en una fábula: es que siempre lo fue. Lo único que ocurre es que ahora, por fin, hemos tomado conciencia de ello.

LA MORAL COMO CONTRANATURALEZA

El ser humano se considera a sí mismo un ser moral cuyo comportamiento está regido por una serie de reglas y normas. Pero... ¿es esa moral algo que pertenezca a la propia naturaleza humana? ¿O por el contrario es algo antinatural, algo "añadido" al ser humano como una etiqueta molesta de la que debería desprenderse cuanto antes? Nietzsche se inclina por esta segunda opción.

Aforismo 1

Para Nietzsche las pasiones son deseos muy intensos que no tienen como finalidad la búsqueda de placer, sino la afirmación de la voluntad de poder. A este respecto señalaba: *"El placer no es sino un síntoma del sentimiento de poder alcanzado, una toma de conciencia de la diferencia (...) el placer acompaña, el placer no pone en movimiento..." (Fragmentos Póstumos* IV, 14 [121]).

Pero esas pasiones, esos instintos, cuando se desbocan fuera de todo control del individuo causan un caos (ver "El problema de Sócrates") que resulta enormemente perjudicial: *"Todas las pasiones tienen una etapa en que son simplemente nefastas, en que, con el peso de la estupidez, tiran de sus víctimas hacia abajo (...)"*. Ante esta situación se plantean dos posibles respuestas. En la primera de ellas (desarrollada ampliamente en este aforismo) **las pasiones son condenadas** por nocivas, reprimidas e incluso aniquiladas. Es esta la opción elegida por aquellos que, al ser incapaces de controlarlas, deciden que la única solución posible para no ser destruidos por ellas es intentar alejarlas lo más posible o anularlas: *"En otro tiempo, a causa de la estupidez que había en la pasión, se hacía la guerra a la pasión misma: la gente se conjuraba para aniquilarla, – todos los viejos monstruos-de-la-moral están unánimes en ello,* «il faut tuer les passions» *[es preciso matar las pasiones]"*.

Esta es la alternativa defendida por el cristianismo como queda claro en el Nuevo Testamento *"(...) en aquel Sermón de la Montaña en que, dicho sea de paso, a las cosas no se las considera en modo alguno* desde lo alto". Esta última expresión irónica se refiere a que, si bien Jesucristo lo pronunció desde lo más alto de la montaña, no habló en ningún momento de lo más elevado sino de lo más bajo y dirigiéndose siempre a los más bajos: a esos mansos que iban a heredar la tierra y que como borregos le escuchaban predicar. En dicho sermón Jesucristo afirmó tajantemente, entre otras cosas, que "si tu ojo te escandaliza, arráncalo". Para Nietzsche, esta postura aconsejada para evitar las posibles estupideces que llevamos a cabo cuando somos dominados por las pasiones, es realmente estúpida: "Aniquilar *las pasiones y apetitos simplemente para prevenir su estupidez y las consecuencias desagradables de esta estupidez suya, eso hoy día se nos aparece simplemente incluso como una forma aguda de estupidez"*. La solución no pasa por cerrar los ojos (y mucho menos por arrancarlos) ante esas pasiones que siempre están ahí, por mucho que neguemos su presencia. Si de verdad queremos no ser dominados por ellas tendremos que adoptar otra actitud, y aquí es donde Nietzsche lanza su propuesta.

Esta segunda actitud, mucho más sensata y madura, consiste en **espiritualizar las pasiones**: *"(...) las pasiones se casan con el espíritu, (...) se «espiritualizan»"*. ¿Qué quiere decir esto? Entre otras cosas no dejarse dominar por ellas sino dominarlas; además supone dignificarlas, es decir, darles una categoría o un valor que hasta el momento se les ha negado y que es de justicia reconocerles. "(...) *¿cómo se espiritualiza, se embellece, se diviniza un apetito?"*. Es esta una postura que la Iglesia cristiana jamás podrá ni comprender, ni asumir. *"(...) ¿cómo sería lícito esperar de ella una guerra inteligente contra la pasión?"*. Por eso sólo le queda una alternativa: *"La Iglesia combate la pasión con la extirpación, en todos los sentidos de la palabra: su práctica médica, su «cura», es el* castradismo".

Las pasiones forman parte de la vida. Intentar matarlas es matar la vida y esa es precisamente la acusación principal de Nietzsche al cristianismo: *"(...) atacar las pasiones en su raíz significa atacar la vida en su raíz: la praxis de la Iglesia es* hostil a la vida..." ¡Qué paradójico resultaría para Nietzsche saber que hoy en día es precisamente la Iglesia la que se autocalifica como "defensora de la vida"!

Aforismo 2

A aquel que es débil, incapaz de dominar sus pasiones, le queda únicamente el recurso de destruirlas por miedo a que sean ellas las que acaben por tomar el mando: *"Este mismo medio, la castración, el exterminio, lo eligen instintivamente, en la lucha con un apetito, quienes son demasiado débiles de voluntad, quienes están demasiado degenerados para poder imponerse una medida en ese apetito (...) Los medios radicales sólo son indispensables para los degenerados"*. (¿Podría explicarse así el odio visceral que manifiestan tanto la religión islámica como la católica hacia el sexo? Quizá esa condena no sea más que un reflejo de la impotencia por controlar ese impulso, del miedo a sucumbir a él): *"La enemistad radical, la enemistad a muerte contra la sensualidad, continúa siendo un síntoma que incita a reflexionar: estamos autorizados a hacer conjeturas sobre el estado-general de quien es excesivo en tales extremos"*.

En este aforismo también se alude a la necesidad de encauzar o canalizar las pasiones, actitud de la que sólo puede disfrutar aquel que es fuerte y que resulta inalcanzable para el decadente y débil de voluntad. Es precisamente esa capacidad de encauzar las pasiones la que no poseen aquellos que las atacan de un modo inmisericorde: *"lo más venenoso contra los sentidos* no *lo han dicho los impotentes,* tampoco *los ascetas, sino los ascetas imposibles, aquellos que habrían tenido necesidad de ser ascetas..."* pues les fue imposible lograrlo por carecer de una voluntad de poder adecuada.

Finalmente señalar que la Trapa era una orden cuyos monjes vivían aislados del mundo terrenal. Nietzsche alude de nuevo a aquellos que necesitan ese aislamiento para poder vencer las tentaciones mundanas de cada día, demostrando de ese modo su debilidad de carácter.

Aforismo 3

En el primer aforismo veíamos dos maneras de enfrentarse al caos de las pasiones. La primera de ellas (destruir las pasiones) representada por las religiones ya ha sido comentada en los dos aforismos anteriores. Ahora analizamos la segunda, la "espiritualización de las pasiones".

Vimos en su momento que consistía en hacer afirmativas, "embellecer", "divinizar", las pasiones. Se trata de encauzar los instintos a través de todo aquello que afirma la vida y nos hace "fecundos", "fértiles": el arte, la creación de los propios valores, etc. Aquí aparece el ejemplo del amor como espiritualización de la pasión sexual: *"La espiritualización de la sensualidad se llama* amor*: ella es un gran triunfo sobre el cristianismo"*. Mediante el amor hacemos del sexo algo afirmativo. No se trata de que el amor suponga un control racional del sexo, sino de que, a través de él, afirmamos nuestra voluntad de poder y nuestra capacidad creadora. Todo acto de amor es un acto creativo propio del individuo (pensemos en la expresión "hacer el amor", referida a un modo concreto de sentir y vivir el sexo), no es una obligación ni un mandato como para los cristianos ("amaos los unos a los otros"). Espiritualizar la sensualidad es un gran éxito frente al cristianismo, pues es el modo de demostrar que podemos convivir con estas pasiones sin necesidad de eliminarlas. Es un modo de dignificar el sexo, de convertirlo en algo que es incluso objeto de inspiración artística (Freud lo llamará posteriormente sublimación).

En el segundo ejemplo propuesto por Nietzsche, el odio y la enemistad se convierten también en la espiritualización, en este caso, de las pasiones agresivas y violentas. Nietzsche hace un encendido elogio de la enemistad. Él no pretende destruir a sus enemigos como siempre ha hecho la Iglesia. Por el contrario los respeta pues, de algún modo, la cantidad y calidad de los enemigos que tenemos nos definen a nosotros mismos y nos revalorizan. Cuantos más enemigos tengamos y más fuertes sean, es señal de que nos consideran alguien a temer o, al menos, a respetar: este es *"(...) el valor que posee el tener enemigos"*. Además necesitamos a nuestros enemigos porque dan sentido a nuestra vida pues la organizamos en contra de ellos: *"(...) sólo en la antítesis se siente necesario, sólo en la antítesis* llega a ser *necesario... (...) Sólo se es* fecundo *al precio de ser rico en antítesis, sólo se sigue siendo* joven *a condición de que el alma no se rinda, no ansíe paz..."*. Así pues, el conflicto, la antítesis, son necesarios para ser "fecundos", para desarrollar nuestra voluntad de poder. Esta idea ya fue expuesta en el fragmento póstumo 9 [151]: *"La voluntad de poder sólo puede exteriorizarse* ante resistencias*" (Fragmentos Póstumos* IV, 9 [151]).

Lo peor es la pasividad, no manifestar la energía vital, y precisamente aquí juegan su papel los enemigos manteniéndonos activos. La lucha contra ellos es una motivación en nuestra vida que evita que caigamos en "la paz del alma" (que nos recuerda a la ataraxia de Epicuro) a la que aspira el cristianismo como estado anímico ideal. Para Nietzsche, sin embargo, representa todo lo que hay que combatir: con ella caemos en la decadencia, nos convertimos en seres conformistas, neutros, inanes, muertos en vida, vacas que se pasan el día rumiando tranquilamente al sol con la conciencia tranquila sin percatarse de que, más allá de su prado, existe todo un mundo de experiencias que nunca podrán disfrutar: *"(...) nada nos da menos envidia que la vaca-moral y la obesa felicidad de la buena conciencia"*.

El aforismo acaba con un listado de diversas situaciones a las que se puede aplicar el término "paz del alma". Todas ellas son consideradas negativamente. Expresan estados de ánimo en los que se ha conseguido obtener algo importante después de un tremendo esfuerzo (por ejemplo, el pintor que acaba de terminar un cuadro después de un periodo de furor creativo o el matemático que acaba de encontrar la solución a un problema que llevaba meses atormentándole) y ello hace que nuestro espíritu se relaje y se quede sin capacidad de lucha. Es como una parada en el camino que no es vista con simpatía por Nietzsche, pues a menudo, después de descansar, nos cuesta mucho más volver a ponernos en marcha. Todas estas situaciones son estados en los que no hay lucha, en los que nuestra voluntad de poder no se desarrolla, algo inadmisible para quien la vida es un continuo batallar y el descanso un sinónimo de rendición.

Aforismo 4

El comportamiento del ser humano está regido por normas morales que le indican lo que debe o no debe hacer. Ahora bien: ¿son esas normas naturales y, por lo tanto, nos es imposible huir de ellas? ¿O, por el contrario, son antinaturales y por ello mismo criticables y susceptibles de ser eliminadas?

Nietzsche considera que la mayoría de los sistemas morales son antinaturales (*"La moral* contranatural*, es decir, casi toda moral que hasta ahora se ha enseñado (...)"*) y, por consiguiente, rechazables. Intentan reprimir los instintos, aquello que precisamente caracteriza a la vida y le da un sentido pleno (la mayoría de normas morales prohíben aquello que nuestros instintos nos demandan). *"La moral* contranatural *(...) se dirige (...)* contra *los instintos de la vida, – es una* condena*, a veces disimulada, a veces pública y desvergonzada, de esos instintos"*. Negar esos instintos supone matar la vida, castrarla, volverla impotente, despojarla de lo que le es más querido. *"El santo en el que Dios tiene su complacencia es el castrado ideal..."*, pues es una persona sin pasiones, sin instintos, un muerto en vida.

Así pues, la única moral sana (frente a las decadentes y enfermas) es aquella que obedece la voz de los instintos y se deja llevar por ellos sin temor. Esta y no otra sería la auténtica moral natural: *"Todo naturalismo en la moral, esto es, toda moral* sana*, está dominado por un instinto de la vida"*. La pregunta es: ¿tiene sentido entonces el concepto "moral"? ¿Acaso los términos "moral" y "natural" no son antitéticos?

Aforismo 5

Esta rebelión ante la vida de las morales antinaturales demuestra únicamente la postura decadente de aquellos que siguen este camino, pues es imposible ignorar el torrente incontrolable de los instintos: *"(...) la vertiente sacrílega de tal rebelión contra la vida (...) la vertiente inútil, ilusoria, absurda,* mentirosa *de tal rebelión"*. A pesar de que reconocemos que esta ficción ha funcionado durante mucho tiempo, ha llegado ya el momento de levantarnos las máscaras y de derribar todas aquellas normas y valores que pretendían contener lo incontenible.

Además, como vimos en el aforismo 2 de "El problema de Sócrates", los juicios de valor ante la vida son síntomas que no hacen más que mostrar nuestra energía, nuestra fisiología, nuestra voluntad de poder, en este caso una voluntad débil y decadente: *"Una condena de la vida por parte del viviente no deja de ser, en última instancia, más que el síntoma de una especie determinada de vida: (...) de la vida descendente, debilitada, cansada, condenada (...) es el* instinto-de-décadence *mismo"*.

Nietzsche insiste en la imposibilidad de valorar la vida por parte de alguien que forme parte de ella: *"Sería necesario tener una posición* fuera de *la vida (...) para que fuera lícito tocar el problema del* valor *de la vida (...) es, para nosotros, un problema inaccesible"*. Nos remitimos a lo ya comentado sobre esta cuestión en el aforismo 2 de "El problema de Sócrates". Únicamente señalaremos que, como consecuencia de ello, no tiene sentido valorar positiva o negativamente esta postura decadente que condena a la vida. De cualquier manera, Nietzsche deja claro que su manera de enfrentarse a la vida es muy diferente a la de quienes, como Schopenhauer, proponen la huida como única opción posible: *"La moral tal como se la ha entendido hasta ahora – tal como la ha formulado todavía últimamente Schopenhauer, como «negación de la voluntad de vida» (...) esa moral dice: «*¡perece!*» – es el juicio de los condenados..."*. Es decir, el juicio de aquellos que condenan la vida simplemente porque están cansados de ella, señal de que nunca han sido capaces de vivirla de verdad.

Aforismo 6

La pretensión de las morales antinaturales de mostrar al individuo cómo debe ser y comportarse es tachada por Nietzsche de ridícula. Nadie puede decirnos cómo debemos actuar ya que los criterios morales de cualquier persona no son más que el producto de su fisiología. Por más que el decadente quiera, sólo puede acceder a una moral de renuncia a la vida. Por otra parte, estas pretensiones moralistas están condenadas al fracaso porque intentan imponernos unas normas morales rígidas, un modelo único que no existe. Lo que hay es exuberancia y cambio constante, una realidad dinámica: *"La realidad nos muestra una riqueza fascinante de tipos, la exuberancia de un juego y de un cambio de formas derrochadores: ¿y cualquier mezquino holgazán que se las da de moralista dice a esto: «¡no!, el ser humano debería ser* diferente*»?..."*.

Además, y lo que es más importante, ¿cómo va a decirnos alguien lo que tenemos que hacer, si en realidad eso no depende en ningún caso de nosotros, sino de una especie de necesidad (*fatum* o hado) que guía todas las acciones, incluido nuestro comportamiento? El *fatum* del que nos habla Nietzsche es ciertamente una necesidad, pero no una necesidad orientada hacia un destino concreto e inexorable, sino algo que viene condicionado por nuestras propias capacidades y limitaciones vitales, por nuestra propia energía vital. Por eso un gusano nunca podrá rugir como un león, ni éste tejer capullos de seda. Sólo podemos hacer aquello que nuestra voluntad de poder nos permite hacer: *"Decirle «hazte diferente» significa exigir que se haga diferente todo, incluso lo que queda atrás..."*. Si bien Nietzsche reivindica el carácter creativo del ser humano, también es consciente de que no todo puede ser creado: hay cosas que escapan a dicha creatividad porque nos vienen dadas por el juego de la vida del que formamos parte. Y son estas cosas, y no otras, las que debemos aceptar como parte del *fatum* (entre ellas están los instintos. Por ello, intentar ir contra ellos es una empresa condenada de antemano al fracaso). Y no sólo aceptar, sino incluso apreciar como una parte más de la vida.

Aquellos (los moralistas) que han intentado cambiar este orden de cosas e imponer su moral antinatural no han tenido más remedio que negar esa avalancha impetuosa e incontrolable que es la vida: *"(...) ha habido moralistas consecuentes, ellos han querido al ser humano diferente, a saber, virtuoso, lo han querido a su imagen, a saber, como un mojigato: ¡para ello* negaron *el mundo!"*. Nietzsche rechaza de plano estas posturas moralistas porque condenan la vida y no aceptan sus múltiples posibilidades de interpretación, el juego del perspectivismo: *"La moral, en la medida en que* condena *(...) consideraciones, intenciones propias de la vida, es un error específico con el que no debe tenerse ninguna compasión (...)"*.

Frente a ellas propone su alternativa inmoralista que sí respeta ese perspectivismo, que rechaza la interpretación única, que no intenta imponer ni una visión del mundo, ni determinados valores a nadie: *"Nosotros que somos diferentes, nosotros los inmoralistas, hemos hecho, por el contrario, más extenso nuestro corazón para acoger toda especie de intelección, de comprensión, de* aprobación*"*.

La postura inmoralista de Nietzsche se diferencia drásticamente de las moralistas. Éstas imponen una visión pesimista de la vida, la niegan y basan la mayoría de sus preceptos en negativas y prohibiciones (no robarás, no matarás, no desearás a la mujer del prójimo...). El inmoralismo nietzscheano se caracteriza por manifestar una postura positiva y afirmadora, por gritar un SÍ rotundo a la vida con todas sus consecuencias, por aceptar cualquier interpretación posible de la vida, incluso la de quienes la niegan: *"(...) la ley de la vida, la cual saca provecho incluso de la repugnante* species *[especie] del mojigato, del sacerdote, del virtuoso, –* ¿qué *provecho?"*. ¿Qué papel juega una interpretación tan paupérrima de la vida como la de los inmoralistas? Simplemente el de antagonistas que, como vimos, da sentido a nuestra lucha vital y nos impide caer en la "paz de espíritu".

LOS «MEJORADORES» DE LA HUMANIDAD

Los "mejoradores" de la humanidad son aquellos que mediante sus morales contranaturales pretenden hacer mejores a los seres humanos. Sin embargo, los hechos muestran que la presunta mejora de la humanidad ha causado en realidad un empobrecimiento de la misma.

Aforismo 1

Comienza Nietzsche aludiendo al título de una de sus obras más conocidas, *Más allá del bien y del mal*, el cual viene muy a cuento para desarrollar la tesis que pretende defender: *"Se conoce mi exigencia al filósofo de ponerse* más allá *del bien y del mal"*. Esta exigencia se debe a que, según Nietzsche, lo que siempre se ha entendido como moral es un fenómeno cultural y como tal antinatural. Por ello las palabras "bueno" y "malo" no designan ninguna realidad, son tan ficticias como el demonio, los ángeles o cualquier otra invención religiosa, son invenciones útiles del lenguaje para calificar nuestros actos y, sobre todo, para ser utilizadas como instrumentos de dominación del ser humano: *"Esta exigencia se sigue de un discernimiento que yo he formulado por primera vez, a saber:* que no existen en absoluto hechos morales. *El juicio moral tiene en común con el juicio religioso la creencia en realidades que no lo son"*. La consecuencia de ello es que esas realidades ficticias creadas por la moral y la religión se convierten en faro y guía de nuestra vida, nos conducen por el camino que a ellas les interesa y nosotros nos dejamos conducir como borregos que mansamente acuden al matadero.

La moral y la religión son interpretaciones interesadas de la realidad que llevan a un desprecio de lo más propio de la vida, al intentar acallar la voz de los instintos: pretenden hacernos creer que van a mejorarnos eliminando el lastre de los instintos, pero en realidad lo único que consiguen es empobrecernos cada vez más: *"La moral no es más que una interpretación de ciertos fenómenos (...) una* mala *interpretación. (...) El juicio moral, por lo tanto, no se ha de tomar nunca al pie de la letra (...) lo único que contiene siempre es absurdidad"*.

La moral y la religión son únicamente síntomas. ¿Un síntoma de qué? Sobre todo de un desconocimiento total de la realidad, de una postura decadente y antivitalista e incluso de la incapacidad de entenderse a uno mismo, es decir, de comprender las auténticas motivaciones por las que actuamos. El disfraz que utilizan ha sido tan perfeccionado a lo largo de los siglos que, al final, ha acabado por engañar hasta a sus seguidores: *"revela, al menos para el sapiente, las realidades más valiosas de culturas e interioridades que no* sabían *lo bastante para «entenderse» a sí mismas"*.

Aforismo 2

Los intentos de la moral y de la religión por "mejorar" a los seres humanos se han manifestado a través de dos versiones totalmente diferentes: la "moral de la doma" y la "moral de la cría". En el fragmento póstumo 15 [29] Nietzsche nos dice que *"No hay que confundir dos tipos de moral: una moral con la cual el instinto que ha continuado sano se defiende contra la* décadence *incipiente* [la cría] *— y otra moral con la cual precisamente esta* décadence *se formula, se justifica y se conduce a sí misma hacia el declive...* [la doma]*" (Fragmentos Póstumos* IV, 15 [29]). Nietzsche se centra ahora en esta última.

La palabra "doma" nos lleva a pensar en un domador de circo que amaestra a un furioso león para que acabe pareciéndose a un dócil gatito capaz de pasar por un aro o de permitir que le introduzcan una cabeza humana entre las fauces sin cerrarlas de inmediato, tal y como sus instintos más primarios le mandarían hacer. Así, pues, la "doma" es el procedimiento por el que pretendemos "mejorar" el comportamiento de un animal o un humano a través de la supresión y anulación de sus instintos más básicos.

¿Pero supone realmente la doma un mejoramiento? ¿Es que acaso es mejor la versión de un pobre león encerrado en su jaula obedeciendo mansamente las órdenes de su domador a la de ese magnífico animal en libertad en medio de la sabana? Obviamente no: *"Llamar a la doma de un animal su «mejoramiento» es a nuestros oídos casi una broma. Quien sabe lo que sucede en las casas de fieras duda de que en esos sitios se «mejore» a la bestia. Se la debilita, se la hace menos dañina (...)"*. Lo mismo ocurre con la moral y la religión según Nietzsche: lejos de mejorar al ser humano más bien lo empobrecen, lo castran, arrebatándole aquello que le es más propio y que le hace sentirse vivo: sus instintos. Si esto es así, entonces ¿qué tipo de mejoramiento es ese?

El mismo papel que juega el domador con respecto al león, lo representa el sacerdote respecto al ser humano al que intenta domesticar negándole y prohibiéndole aquello que sus instintos le reclaman. Pretende haber construido un hombre "mejor"; pero, para Nietzsche, no es sino una caricatura de hombre, un hombre deshumanizado: *"No sucede una cosa distinta con el ser humano domado que el sacerdote ha «mejorado». En la Alta Edad Media, cuando de hecho la Iglesia era sobre todo una casa de fieras, se daba caza en todas partes a los más hermosos ejemplares de la «bestia rubia» (...) Pero ¿a qué se parecía después tal germano «mejorado» (...) A una caricatura del ser humano se había convertido en un «pecador», (...) se lo había encerrado entre conceptos todos ellos terribles... Allí estaba emplazado ahora, enfermo, raquítico, malévolo contra sí mismo; lleno de odio contra las pulsiones que incitan a vivir, lleno de sospecha contra todo lo que continuaba siendo fuerte y feliz. En suma, un «cristiano»..."*

Para Nietzsche la doma es el procedimiento comúnmente utilizado por el cristianismo. ¿Qué mejor manera de mostrar nuestro dominio sobre un ser domado que obligándole a ponerse de rodillas y exaltar supuestos valores como la humildad y la mansedumbre? A través de ellos se pretende mantenerlo bajo control y alejarlo de esos "peligrosos enemigos" que son los instintos.

Por otro lado, Nietzsche utiliza aquí la expresión "bestia rubia". Con ella hace referencia a aquellos bárbaros del norte, aristócratas vikingos, que vivían en armonía con la naturaleza y que fueron cristianizados, es decir, domados. La utiliza para contrastar la vida instintiva, pasional, de afirmación de la vida y de voluntad de poder —representada por los antiguos vikingos— frente a la postura enfermiza, decadente y negadora de la vida —representada por el cristiano, enemigo de todo lo instintivo, lleno de un sentimiento de culpabilidad y encerrado entre conceptos terribles como el de "pecado" o el de "castigo eterno"—.

Nietzsche deja claro que en ningún caso esa doma representa una mejora del ser humano; más bien todo lo contrario: al igual que el león domado da vueltas inquieto alrededor de su jaula, nosotros, los humanos domados por el cristianismo, hemos visto como se nos ha negado nuestra realidad más primaria e instintiva convirtiéndonos así en seres débiles y decadentes: *"Esto lo entendió la Iglesia:* deterioró *al ser humano, lo debilitó, – pero reclamó haberlo «mejorado»..."*. Pero ¡ojo!, porque por muy domado que parezca estar el león siempre puede acabar mordiendo a su domador. Por mucho que lo intentemos nunca podremos convertirlo en un lindo gatito, al igual que nosotros siempre tendremos la opción de rebelarnos contra esta contranaturaleza que nos han impuesto. Como dice Nietzsche en *Sobre verdad y mentira en sentido extramoral* "el ser humano está pendiente en sueños del lomo de un tigre".

Aforismo 3

Otras morales y religiones han optado por una alternativa diferente para “mejorar” a los seres humanos, la “cría”. También aquí, como en el caso de la doma, la encontramos en nuestra relación con los animales. Mediante la “cría” los ganaderos intentan obtener, por ejemplo, la mejor clase de caballos. Para ello, aparean aquellos especímenes de una categoría contrastada, para obtener unos descendientes con las mejores características de cada uno de sus progenitores. Se trata, pues, de un procedimiento mediante el cual modificamos de manera artificial el curso de los acontecimientos naturales.

¿Cómo aplica Nietzsche este concepto de “cría” al terreno de la moral y la religión? Un claro ejemplo es la “Ley de Manú”, moral que proviene de la religión india. Mediante dicha ley se intentan “criar” cuatro razas o castas distintas: sacerdotes, guerreros, comerciantes/agricultores y sirvientes. Estas castas son cerradas, es decir, sólo se permite el cruce entre individuos pertenecientes a una misma casta para, de este modo, conseguir una “pureza de sangre” entre los pertenecientes a cada una de ellas. En un principio Nietzsche parece decantarse por esta opción porque respeta la jerarquía natural (en el aforismo 57 de *El Anticristo* dice: *“El* orden de castas, *que es la ley suprema, dominante, es sólo la sanción de un* orden natural, *de una legalidad natural (...)”*). Frente a la moral de la doma *“Se respira con alivio al entrar, viniendo del aire cristiano de enfermos y de cárcel, en este mundo más sano, más elevado,* más extenso. *¡Qué mezquino es el «Nuevo Testamento» comparado con Manú, qué mal huele!”*.

Aquí encontramos algunas de las líneas más polémicas de esta obra, que parecen sugerir una defensa de esa “pureza de la sangre” (*“El concepto «sangre pura» es la antítesis de un concepto cándido”* nos dirá en el aforismo 4) y, más aún, la superioridad de la raza aria a la que Nietzsche nombra explícitamente (*“la humanidad* aria, *totalmente pura, totalmente originaria”*, también en el aforismo 4). Pero la raza aria a la que aquí se refiere no tiene nada que ver con Alemania, ni con lo alemán, como después intentará hacer creer con fines propagandísticos y panfletarios el nazismo. Hace referencia a los auténticos y originarios arios, antiguos habitantes de extensas zonas del extremo oriente y Asia, lo que actualmente sería Irán o India, individuos con ojos oscuros y piel cobriza que nada tienen que ver con la raza perfecta de “alemanes arios” rubios, altos y de ojos azules con los que deliraba Hitler.

Los arios son considerados mejores por Nietzsche no por sus cualidades físicas, sino por su superioridad moral forjada a través de este sistema de cría. Mediante dicha moral se establecen esas jerarquías que para Nietzsche son más naturales que el mandato cristiano de “ama a tu prójimo como a ti mismo", pues en la naturaleza, según nuestro filósofo, prima esa jerarquía.

Sin embargo, aunque preferible a la moral de la doma, también la moral de la cría tiene su talón de Aquiles: al fin y al cabo no es más que una construcción artificial que aprovecha la jerarquía natural para construir una religión revelada donde el sacerdote se convierte (al igual que en el cristianismo o el islamismo) en la autoridad que dicta lo que se debe y lo que no se debe hacer. Como consecuencia de este intento de manipular el orden natural convirtiéndolo en una obligación y en una ficción religiosa aparecen los chandalas (los "intocables"). Es una consecuencia no deseable de este sistema supuestamente tan perfecto de castas, una consecuencia decadente y enfermiza pues son el resultado del cruce de dos castas distintas: *"(...) son fruto de adulterio, incesto y crimen (...)"*.

La ley de Manú es implacable con ellos, como podemos ver en los crueles ejemplos que Nietzsche expone a lo largo del aforismo y que él mismo parece rechazar: *"Quizá no haya nada que contradiga más a nuestro sentimiento que* estas *medidas preventivas de la moral india"*, precisamente porque intentan ocultar o castigar aquello que ha sido su propio e inevitable fracaso. *"(...) esta organización tenía necesidad de ser* terrible, *– esta vez no en lucha con la bestia, sino con* su *concepto-antitético, el ser-humano-no-de-cría, el ser-humano-en-mezcolanza, el chandala"*.

En definitiva, ¿ha supuesto el sistema de cría un "mejoramiento" de la humanidad? Observando el caso de los chandalas, tendremos que concluir que no. Por un lado porque son un ejemplo claro de que el sistema no ha funcionado pues la supuesta "mejora" de la humanidad ha llevado a la miseria moral y física de la misma. Por otra, porque precisamente esa parte de la humanidad resentida será el germen de la futura "rebelión de los esclavos" que llevarán a cabo los cristianos, a quienes compara con los chandalas en cuanto que, tanto unos como otros, comparten el mismo tipo de valores decadentes y opuestos a la vida.

Al contraponer dos morales tan distintas como la doma (cristianismo) y la cría (ley de Manú) Nietzsche muestra que es posible interpretar la realidad desde un punto de vista diferente al cristiano. Existen otros modos de valorar la vida y de interpretarla, otras perspectivas, y ninguna puede pretender ser la única válida. Pero, como acabamos de ver, ninguna de las dos resulta aceptable para Nietzsche.

Aforismo 4

La comparación entre chandalas y cristianos es precisamente el punto de arranque de este aforismo: *"(...) se vuelve claro en* qué *pueblo se ha perpetuado el odio, el odio-chandala contra esa «humanidad», dónde dicho odio se ha convertido en religión, dónde se ha convertido en genio...".* El cristianismo, con su moral de doma, trata de eliminar todo vestigio de esta otra moral anterior (la moral aria, la moral de los señores elogiada por Nietzsche, pero también fracasada como acabamos de ver) y de la jerarquía que esta pretendía instaurar, sustituyéndola por una moral de igualdad, de respeto, de mansedumbre y de humildad. Una moral en la que aquellos que antes eran los desfavorecidos, ahora ocupan el lugar más privilegiado ("los últimos serán los primeros" se dice en el Nuevo Testamento) transgrediendo y aniquilando, así, el orden natural.

A este respecto, aunque el cristianismo ha dado la vuelta a la situación anterior —pues aquellas víctimas de los más crueles tratos son ahora las que designan lo que es bueno y valioso—, esto no significa que Nietzsche admire este nuevo punto de vista, ni mucho menos que considere al cristiano como un ser capaz de crear valores nuevos. Los cristianos son incapaces de crear valores nuevos, pues sólo sienten resentimiento ante la vida. Los valores que ellos defienden van en contra de la vida. Es cierto que han logrado imponer su punto de vista, pero limitándose a reprimir la capacidad creadora de sus rivales. Por eso cuando Nietzsche dice que el odio chandala contra la vida se ha convertido en "genio" con el cristianismo, no hay que entender aquí "genio" como sinónimo de "creación". Más bien se refiere al espíritu que les hace actuar de una determinada manera, a su motor interior, pues aquello que para los chandalas era simplemente odio, en el caso de los cristianos se ha convertido en su auténtica razón de ser y en su triunfo ante una vida que tanto odian.

"El cristianismo (...) representa el contramovimiento *contra toda moral de la cría, de la raza, del privilegio: – es la religión* antiaria par excellence*: el cristianismo es la transvaloración de todos los valores arios, la victoria de los valores-chandalas, el evangelio predicado a los pobres, a los inferiores, la rebelión-completa de todo lo pisoteado, miserable, malogrado, fracasado, contra la «raza», – la inmortal venganza-chandala como* religión del amor...". Una religión del amor que para Nietzsche es, por el contrario, una religión del odio, odio hacia la vida y hacia todo lo que ésta representa, por ejemplo los instintos.

Aforismo 5

La moral de la doma y la moral de la cría difieren en sus contenidos pero son iguales en la forma (ilegítima para Nietzsche) en la que intentan imponerse sus morales. Los medios que utilizan son abiertamente inmorales (desde los propios supuestos morales que ellos mismos defienden) y, por supuesto, antinaturales: *"La moral de la* cría *y la moral de la* doma *son completamente dignas una de otra en los medios de imponerse: (...) para* hacer *moral, se ha de tener la voluntad incondicional de lo contrario"*.

En realidad esto puede afirmarse de todos los sistemas morales conocidos (ya sea la ley de Manú, la moral hebraica, la cristiana, la islámica o cualquier otra), pues se han basado en el egoísmo, en el uso de la violencia para imponer a los demás sus "piadosos" puntos de vista. Y, sobre todo, se han basado en una **mentira**, la mentira de intentar hacernos creer que existen hechos morales a los que podemos calificar de buenos o malos, ocultándonos que estas palabras no designan nada real; sólo son una simple convención lingüística, pues en la naturaleza no existen el bien y el mal. ¿O acaso podemos calificar de "malo" al león que devora al antílope respondiendo a sus instintos naturales?

Es posible que esa mentira en la que se basa toda moral sea en realidad una mentira piadosa (*pia fraus*) con la que se pretende hacernos más cómoda y fácil la vida. Pero, por muy piadosa que sea, y aunque nuestra convivencia social se base en ella, no deja de ser una mentira: *"la* pia fraus, *el patrimonio hereditario de todos los filósofos y sacerdotes que «mejoraban» la humanidad. Ni Manú, ni Platón, ni Confucio, ni los maestros judíos y cristianos han dudado jamás de su* derecho *a la mentira"*. Precisamente por ello, nos encontramos con la paradoja final de que, al fin y al cabo, toda moral se basa en un hecho radicalmente inmoral, según sus propios supuestos y mandamientos, la mentira: "todos *los medios con que hasta ahora se quería hacer moral a la humanidad eran radicalmente* inmorales".

Puede ser que sea posible mejorar a la humanidad, pero desde luego el camino nunca podrá ser el que hasta el momento han propuesto esos supuestos "mejoradores". O quizá esa mejora general sea imposible, ya que no todos podemos ser mejorados. Quizá sólo unos pocos puedan acceder a esa posibilidad: aquellos que posean la voluntad de poder necesaria, capaz de permitirles construir su vida no sobre valores impuestos por morales o religiones, sino creados y construidos por ellos mismos. Esta es la única posibilidad de mejorar que, desgraciadamente, no todos podemos experimentar. En ella los conceptos de bien y de mal ya no tendrán sentido pues, como dice Nietzsche en otra de sus obras, cada uno de esos individuos capaces de ser mejores por sí mismos se convertirá en su propio bien y en su propio mal.

V.
ACTIVIDADES

PREGUNTAS TIPO 1 Y 2

CUESTIÓN 1ª (hasta 2 puntos)

Tipo de pregunta: salvo que la pregunta solicite, excepcionalmente, la reconstrucción de un argumento a partir de un enunciado concreto del texto, su formulación invariable se expresará en estos términos:

"Sintetiza las ideas del texto mostrando en tu resumen la estructura argumentativa o expositiva desarrollada por el autor".

CUESTIÓN 2ª (hasta 2 puntos)

Tipo de pregunta: definición de un término (o dos, si están relacionados) presente en el texto. Formulación invariable:

"Define el (los) término(s relacionados)..., partiendo de la información ofrecida por el texto y completándola con el conocimiento que tengas de la filosofía del autor".

Hemos indicado en cada pregunta entre corchetes (a continuación de su número) el tipo de cuestión según la propuesta de la universidad. Por otra parte, es necesario advertir que, aunque estos dos tipos de preguntas propuestos para las PAU (Pruebas de Acceso a la Universidad) exigen fundamentalmente desarrollar la capacidad de análisis de texto, existen evidentes dificultades para establecer cuestiones que puedan ser respondidas con el mero análisis textual. Como sabemos, el estilo de nuestro autor está muy alejado de la exposición sistemática y completa de los temas que aborda. Sus afilados aforismos se hallan cargados de metáforas, de connotaciones y presupuestos implícitos, a veces sugeridos por un simple guiño. Evidentemente el alumnado es incapaz de comprender lo mucho que estos textos encierran sin una labor previa de estudio del autor y de su filosofía. A ello está dedicada la primera parte del libro y la guía de lectura. Sin esta ayuda es muy difícil realizar el análisis de texto exigido y responder a estas cuestiones propuestas que recorren todo el texto analizando sus contenidos, sus conceptos fundamentales y sus presupuestos implícitos.

El problema de Sócrates

AFORISMO 1

1- [1]- ¿Qué critica Nietzsche a los "muy sabios" de todas las épocas?

AFORISMO 2

2- [2]- ¿Qué quiere decir el término "antigriegos" con el que Nietzsche califica a Sócrates y a Platón? Puedes consultar en el vocabulario la voz GRIEGOS.

3- [1] - ¿Qué quiere decir que los juicios de valor sobre la vida sólo tienen valor como síntomas?

AFORISMO 3

4- [1] - ¿Qué significa la acusación a Sócrates de feo?

AFORISMO 4

5- [2] - Explica el término *décadence* [decadencia] a partir del texto.

AFORISMOS 5 Y 6

6- [2] - Explica a partir del texto los términos "dialéctica" y "gusto aristocrático".

AFORISMOS 7 Y 8

7- [1] - Haz un resumen de lo que Nietzsche afirma en estos aforismos sobre la dialéctica.

AFORISMO 9

8- [1] - ¿Por qué dice Nietzsche que el mundo tenía necesidad de Sócrates?

9- [2] - Analiza en el texto el significado de los términos "tirano" y "contratirano"

10- [2] - Analiza en el texto el significado del término "cura".

AFORISMO 10

11- [1] - ¿Qué quiere decir que "El moralismo de los filósofos griegos a partir de Platón está patológicamente condicionado"?

12- [2] - Define y explica a partir del texto (sobre todo al final del mismo) los dos tiranos: la razón y "la otra cosa" que hace de tirano.

AFORISMO 11

13- [2] - Explica a partir del texto el concepto "*décadence*".

14- [2] - Explica a partir del texto los conceptos de "salud" y "enfermedad". *[De nuevo, abordamos a través de una pregunta diferente los mismos contenidos del aforismo]*

AFORISMO 12

15- [1] - ¿Por qué afirma Nietzsche que "Sócrates *quería* morir"?

La «razón» en la filosofía

AFORISMO 1

16- [2] - Define y explica a partir del texto el término *egipticismo*.

17- [1] - ¿Qué reprocha Nietzsche a los filósofos en la primera mitad del aforismo?

18- [1] - Según Nietzsche ¿qué reprochan los filósofos a los sentidos?

AFORISMO 2

19- [2] - Define y explica a partir del texto los conceptos "mundo aparente" y "mundo verdadero".

AFORISMO 3

20- [1] - ¿Qué clasificación hace Nietzsche de las ciencias y qué criterio utiliza para dicha clasificación?

AFORISMO 4

21- [1] - ¿Explica en qué consiste "la *otra* idiosincrasia de los filósofos", "confundir lo último y lo primero"?

AFORISMO 5

22- [2] - Analiza y define a partir de las primeras líneas del texto el término "error".

23- [2] - Analiza y explica a partir del texto el concepto "fetichismo" del lenguaje.

AFORISMO 6

24- [1] - Haz un resumen de las principales ideas contenidas en este aforismo.

Cómo el «mundo verdadero» acabó convirtiéndose en una fábula

25- [2] - Analiza la expresión "mundo verdadero" en sus diversos significados a lo largo del texto.

26- [2] - Interpreta los términos "mañana gris", "día claro" y "mediodía" que aparecen en los tres últimos puntos de la historia.

La moral como contranaturaleza

Aforismo 1

27- [1] - ¿Qué tres actitudes (o etapas) describe Nietzsche a propósito de las pasiones?

28- [2] – Define a partir del texto el término "castradismo".

Aforismo 2

29- [1] - ¿Qué quiere decir que la enemistad contra los instintos es un síntoma? ¿De qué es un síntoma?

Aforismo 3

30- [2] - Explica a partir del texto en qué consiste la "espiritualización de la enemistad".

31- [1] - Interpreta los ejemplos con los que Nietzsche ilustra la "paz del alma".

Aforismo 4

32- [2] - Explica los términos "moral sana" y "moral contranatural".

Aforismo 5

33- [1] - ¿Por qué la "rebelión contra la vida" emprendida por el cristianismo es inútil, absurda y mentirosa?

Aforismo 6

34- [2] – Explica a partir del texto los términos "moralista" e "inmoralista".

Los «mejoradores» de la humanidad

AFORISMO 1

35- [1] - ¿Por qué afirma Nietzsche que "no existen en absoluto hechos morales"?

AFORISMO 2

36- [2] – Explica a partir del texto los términos "mejoramiento" y "doma".

AFORISMO 3

37- [2] – Explica a partir del texto el concepto de "cría".

38- [1] – Describe, según el texto, la "Ley de Manú". ¿Cómo la valora Nietzsche?

AFORISMO 4

39- [1] - ¿Qué quiere decir que el cristianismo es la religión antiaria por excelencia?

AFORISMO 5

40- [1] - ¿Por qué afirma Nietzsche que "para hacer moral se ha de tener una voluntad incondicional de lo contrario"?

PREGUNTAS TIPO 3

CUESTIÓN 3ª (hasta 5 puntos)

Redacción sobre un tema de la filosofía del autor del texto.

CAMPOS TEMÁTICOS ESTABLECIDOS POR LA UNIVERSIDAD

1. *Crepúsculo de los ídolos*: crítica de la cultura occidental.
   - 1.1. Crítica de la moral y de la religión.
   - 1.2. Crítica del concepto de Dios. El nihilismo.
   - 1.3. El vitalismo. La voluntad de poder y el superhombre.
2. *Cómo se filosofa a martillazos*: crítica de la filosofía.
   - 2.1. Crítica de la racionalidad decadente.
   - 2.2. Ser y devenir. Apariencia y realidad o verdad.
   - 2.3. Crítica del mundo metafísico.

PROPUESTAS DE REDACCIÓN:

Además de los campos temáticos establecidos por la Universidad —que son ya un título posible de redacción—, proponemos otra serie de enunciados que inciden en dicha temática. A lo largo de los dos primeros capítulos del libro existe suficiente información (y fácilmente localizable) para poder abordarlos.

1- La crítica de Nietzsche a la Razón
2- La crítica de Nietzsche a los grandes conceptos de la metafísica
3- ¿Qué significa la muerte de Dios?
4- Nihilismo pasivo y nihilismo activo
5- Filosofar a martillazos: la importancia del lenguaje
6- Vida ascendente y vida descendente
7- Mundo verdadero y mundo aparente
8- ¿Qué es conocer para Nietzsche?
9- Conocimiento y verdad contra interpretación
10- Nietzsche como inmoralista
11- La moral como síntoma de salud
12- Crítica a las religiones
13- El cristianismo y la ley de Manú
14- Crítica de Nietzsche a la religión cristiana
15- El nihilismo y el superhombre

PREGUNTAS TIPO 4

CUESTIÓN 4ª (hasta 1 punto)

Tipo de pregunta: Su formulación invariable será la siguiente:

"Comenta brevemente cualquier aspecto del pensamiento del autor del texto que juzgues importante en alguno de estos sentidos: por su relación con el de otros filósofos, con hechos históricos relevantes (especialmente si son coetáneos del autor o tienen relación con su vida) o con rasgos significativos del mundo contemporáneo".

RELACIÓN CON OTROS FILÓSOFOS:

1- Nietzsche frente a Sócrates
2- Nietzsche frente a Platón
3- Nietzsche, Heráclito y Parménides
4- El placer para Epicuro y para Nietzsche
5- La crítica de Nietzsche al estoicismo de Séneca

6- La crítica de Nietzsche a Kant
7- La causalidad según Hume y según Nietzsche
8- La crítica de Nietzsche al *cogito* cartesiano
9- Nietzsche y el positivismo
10- Nietzsche y Schopenhauer

ACTUALIDAD DEL AUTOR:

1- Nietzsche y el nazismo: ¿manipulación o interpretación?
2- ¿Es la nuestra una época nihilista?
3- La fisiología y la salud: ¿base de la moral y el carácter?
4- ¿Qué pensaría Nietzsche del proteccionismo de nuestros Estados del bienestar?
5- Nuestra sociedad: ¿personas o rebaño?
6- ¿Cómo influye el lenguaje en nuestra percepción de la realidad?
7- La moral cristiana: ¿es hoy una moral de esclavos?
8- El cristianismo hoy: ¿defensor de la vida?
9- Los valores de nuestra sociedad occidental
10- ¿Qué pensaría Nietzsche de nuestro sistema educativo?

Nietzsche enfermo. 1899. Dibujo al carboncillo de Hans Olde.

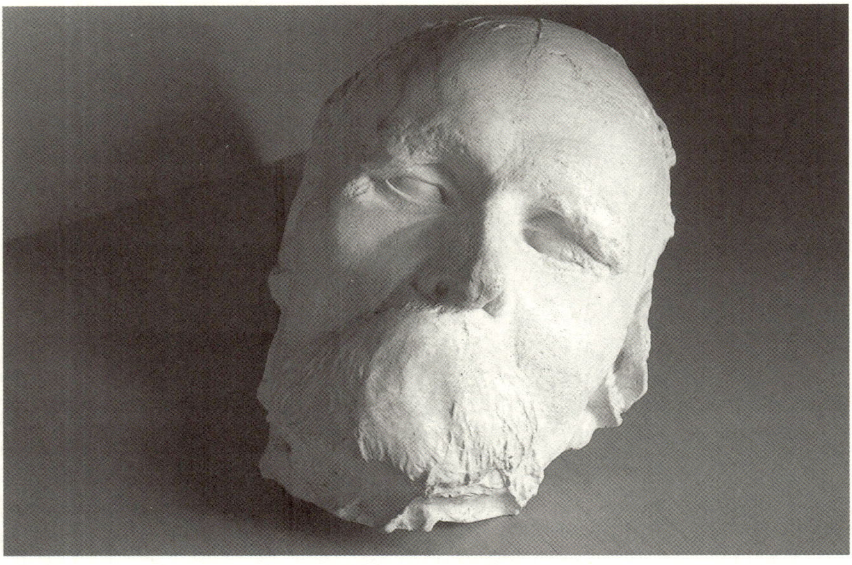

Máscara mortuoria.

VI.
VOCABULARIO E ÍNDICE DE NOMBRES

ARIO: El origen de este término nos lleva al sánscrito. Su significado era "noble", "aristocrático", "honorable". El término designa hoy en día en un sentido étnico a los primitivos pueblos indo-iraníes. En lingüística se refiere a una variante de las lenguas indo-iraníes o indo-arias. En el s. XIX, por extensión, se aplicó a todos los pueblos indoeuropeos originarios, los arios primitivos.

Nietzsche utiliza el término en el primer sentido citado: no como un concepto racial sino referido a un "origen noble o aristocrático". Representa, pues, a aquellos pueblos poderosos, nobles, superiores, cuyos valores son la fuerza vital, la afirmación de la vida, la vida ascendente.

ARISTOCRÁTICO, NOBLE Y PLEBEYO: En Nietzsche no tienen, en principio, un sentido social, como estamentos privilegiados o desfavorecidos de una sociedad. Su primer sentido se refiere al aspecto espiritual, al talante del individuo. Individuos poderosos, que aman y disfrutan la vida, que aprovechan sus instintos, que no se sienten culpables por su exceso de fuerza vital (aristócratas y nobles), frente a los timoratos y cobardes, los que no se atreven a poner en juego sus pasiones y viven a la defensiva, reprimiendo cualquier impulso (plebeyos). En *Fragmentos Póstumos* 11 [363] enumera algunas características del ideal noble: *"Orgullo,* pathos *de la distancia, la gran responsabilidad, la arrogancia, la animalidad resplandeciente, los instintos guerreros y conquistadores, la divinización de la pasión, la venganza, la astucia, la cólera, la voluptuosidad, la aventura, el conocimiento..."*. Lo cierto es que los primeros ocuparon los puestos dominantes hasta la llegada del *logos* occidental, y los segundos fueron los dominados, situación que se invierte a partir de ese momento.

CASTRADISMO: Es una de las estrategias de conservación de una comunidad para hacer frente al desorden de los sentidos que amenaza con la degeneración, la decadencia y la monstruosidad del alma. Fue la estrategia, la "práctica médica", la "cura", de Sócrates y de Platón y, sobre todo, del cristianismo y de su Iglesia. Consiste en la lucha contra esas pasiones e instintos mediante la ecuación RAZÓN = VIRTUD = FELICIDAD, o mediante su extirpación, su aniquilación, su exterminio. Es "expulsar a la naturaleza fuera de la moral". Para ello se apela a Dios, a la culpa, al castigo, al remordimiento. La consecuencia es que los instintos más fuertes de la vida no serán sentidos como placenteros sino como causa de sufrimiento. Representa un ataque a la vida en su raíz.

CHANDALAS: Son los individuos de la sociedad india no incluidos en ninguna de las castas en las que esta se organiza. Quedan, por tanto excluidos de la sociedad, descastados, intocables, sin ningún derecho. Contra ellos se dirige la LEY DE MANÚ (la moral india), a través de unas normas crueles que los debilitan aún más, con objeto de salvaguardar los privilegios de las demás castas y el conjunto de la organización social en general.

CRÍA: En ganadería la cría consiste en seleccionar los mejores ejemplares de una especie con el fin de preservar sus naturalezas superiores, en ellos y en sus descendientes. En "Los «mejoradores» de la humanidad" la cría es otra de las estrategias de "MEJORA" que siguen algunas morales, como la india mediante la LEY DE MANÚ. Esta sociedad establece un sistema de castas herméticas, cada una con sus privilegios, y unas normas morales que llegan a ser crueles con aquellos individuos que están fuera del sistema de castas, los CHANDALAS, y amenazan los privilegios "naturales" de las demás castas.

CRISTIANISMO: Una de las religiones de "MEJORA" según el modelo de la DOMA. Heredera de la filosofía de Sócrates y Platón se pone al lado del rebaño de individuos débiles, enfermizos y mediocres, la grey, para poder conservarse frente a los nobles y poderosos. Para ello inventa un transmundo (semejante al platónico) que se erige como el único verdadero, y enfrente del cual se halla lo sensible, lo material, el cuerpo. Construyen una moral alejada de lo natural, represora de las pasiones y los instintos. El cristianismo ha CASTRADO a los individuos superiores inoculando conceptos como el de pecado, culpa, castigo divino, humildad, sumisión, esperanza en el más allá, etc.

***DÉCADENTS* [DECADENTES]:** Son todos aquellos individuos incapaces de asumir la realidad del devenir. Algunos no pueden ser dueños de sus instintos y son arrastrados al caos y a la autodestrucción. Otros muchos son ENFERMOS, débiles, domesticados, que han optado por negar, por reprimir la vida y sus manifestaciones, por aniquilar los instintos más primordiales y por inventar transmundos imaginarios consoladores (los grandes conceptos de la metafísica occidental: razón, moral, lógica, más allá...). Hay a la base un déficit fisiológico, una voluntad de poder debilitada que sólo sabe conservar la vida mediante la negación de los valores superiores. Esa decadencia se ha propagado por Occidente y el resultado final es el NIHILISMO.

DEVENIR: Lo que nunca está fijo, lo que es siempre temporal, continuo fluir y acontecer, siempre en movimiento, no tiene ni sustancia ni esencia. Una sucesión de instantes sin finalidad, un infinito llegar a ser, convertirse en, donde cada instante es ya un punto de llegada: *"El sentido del devenir ha de estar en todo instante realizado, logrado, consumado"* (*Fragmentos póstumos* 11 [82]). Lo contrario es el ser, el ente.

DIALÉCTICA: Uno de los productos del *logos*, de la razón. En Sócrates es el arte del diálogo, de argumentar, de presentar pruebas a favor de la idea defendida. Una vez contrastadas las posturas se llega a una definición esencial, única, universal, inmutable, de la realidad. En Platón es la última disciplina de la educación del filósofo gobernante, a través de la cual llegará a contemplar el mundo de las Ideas.

Para Nietzsche es una de las armas de los débiles, de los plebeyos, de los que carecen de autoridad y de fuerza para imponerse. El derecho se obtiene por la fuerza y no por discursos persuasivos.

DIONISO: Dios del vino, del éxtasis y del teatro. Según Nietzsche en él se expresa el *hecho fundamental* del instinto helénico: la «voluntad de vida», *"la demasía de fuerza"*. Representa el sí a la vida que incluye la procreación y la sexualidad, el placer de crear, lo orgiástico como desbordante sentimiento de vida y de fuerza, pero también el dolor y la destrucción. Nietzsche se califica a sí mismo como discípulo de Dioniso. [Ver GRIEGOS]

DOMA: La doma de un animal salvaje consiste en cambiar su comportamiento instintivo haciéndolo manso y obediente, debilitándolo por medio del castigo físico, del dolor, de la enfermedad, del miedo. Aplicada a los seres humanos a través de la moral, y bajo la etiqueta engañadora de "MEJORA", es el medio que ha usado, entre otros, el CRISTIANISMO para debilitar a los hombres que aman la vida y la viven plenamente, a los que ponen en juego sus INSTINTOS y sus pasiones sin importarles nada más que afrontar el devenir siendo dueños de su vida. Les ha inculcado unas creencias y una moral, unos sentimientos autodestructivos, que les han convertido en enemigos de la vida. Ha sido, quizá, la única solución para que los débiles y cobardes, incapaces de afrontar ese DEVENIR, les ganasen la partida.

ENFERMOS: Aquellos cuya fisiología no es capaz de afrontar las manifestaciones de sobreabundancia y de poder de la vida, y, por miedo, las reprimen. Una actitud de negación de la vida que indica debilidad. Se desprecia este mundo y se sacrifica la vida por un más allá al que nunca accederemos. Se desconfía de los sentidos y de los impulsos humanos, de la energía de la vida. Se limita a creer en la realidad que inventa porque no tiene la fuerza suficiente para aceptar la vida como es y luchar por crearla según sus aspiraciones.

ESPIRITUALIZACIÓN DE LAS PASIONES vs. CASTRADISMO: Frente al poder arrollador de los INSTINTOS que tantas veces amenaza con el caos y la autoaniquilación caben diversas posturas: el cristianismo (y

Sócrates y Platón) optaron por el CASTRADISMO, por el exterminio, por la extirpación de las pasiones. Se trata de un ataque directo a la vida.

Una segunda posibilidad, la defendida por Nietzsche, es la espiritualización de las pasiones, esto es, encauzar dichos apetitos a través de todo aquello que afirma la vida: el arte, la creación de los propios valores, aquello que nos hace "fecundos": *"Mido un hombre, un pueblo, según el grado en el que pueda liberar en sí sus impulsos más terribles y girarlos para su provecho sin que lo hagan sucumbir: provocando, por el contrario, su fertilidad de hecho y de obra"* (*Fragmentos póstumos* 1 [5]).

GRIEGOS: En "Lo que yo debo a los antiguos" (en *Crepúsculo de los ídolos*), Nietzsche reconoce que no puede juzgar a los griegos en bloque. Algunos de ellos son los iniciadores de la enfermedad que ha recorrido la historia de nuestra cultura. Otros, sin embargo, merecen su admiración y reconoce su influencia.

Entre los primeros se hallan Platón y Sócrates, dos pensadores que rechazaron los instintos, dos cobardes que huyeron de la realidad y se refugiaron en un mundo ideal falso el cual, además, impusieron como el único verdadero y bueno.

Entre los segundos se hallan por ejemplo, Tucídides y los sofistas (calificados de realistas, que se opusieron a la patraña de la moral de las escuelas socráticas). Pero lo que Nietzsche admira profundamente en "lo griego" es, sobre todo, el fuerte instinto vital, la voluntad de poder, una *"materia explosiva interior"* que desencadenó luchas violentas e hizo, finalmente, brotar las instituciones para evitar autodestruirse. Ese instinto agonal (de lucha) de los antiguos aristócratas se plasmó en enemistades terribles y brutales, en la necesidad de ser fuerte y ágil, en un temerario realismo y en un inmoralismo. Pero también en sus fiestas y en sus artes con las que se sentían superiores. DIONISO representa perfectamente ese instinto.

INMORALISTA: Frente al moralista —que pretende imponer un modelo de ser humano mojigato que niega la vida— Nietzsche se autocalifica como "inmoralista", se sitúa "más allá del bien y del mal". El inmoralista admite la pluralidad de tipos humanos, la "exuberancia" y el "cambio de formas derrochadoras", la riqueza del devenir. Tiene una visión abierta en la que caben diversas perspectivas sobre el mundo y lo humano y, sobre todo, no intenta imponer ninguna a los demás. No se dedica a reprimir, a negar, a castrar aquello que no coincide con su ideal. Por el contrario, es declaradamente afirmativo. Sabe comprender y reivindicar cada una de las diferentes manifestaciones de la vida.

INSTINTOS - PASIONES: Fuerzas vitales arraigadas en lo corporal, pulsiones, apetitos, que nos impulsan y que van unidas a la voluntad de poder. Se manifiestan de maneras muy diferentes: el instinto de crueldad, el deseo de dominar, el deseo de superarse, el deseo de ser dueño del propio destino, el amor desbordante, el exceso en todo, las creaciones culturales humanas: arte, religiones, morales, valores...

En cierta etapa, estos instintos o pasiones son anárquicos, caóticos e indomables, resultando así nefastos para los seres humanos pues llevan a éstos a su autodestrucción. La respuesta de los débiles —Sócrates o el cristianismo por ejemplo— a esta situación ha sido el CASTRADISMO, la lucha contra esas pasiones e instintos, su extirpación, su aniquilación. La propuesta de Nietzsche, sin embargo, es ESPIRITUALIZAR LAS PASIONES, embellecerlas, encauzarlas a través de actitudes que afirmen la vida, como el arte o la creación de los propios valores.

LENGUAJE: Los filósofos pretenden conocer el mundo, representar la "verdadera" realidad, a través del lenguaje; y lo hacen mediante un tipo concreto de lenguaje, el conceptual. Los conceptos son términos que designan clases de cosas o experiencias y dejan de lado los casos individuales, cada uno de ellos diferente de los demás. Su utilización supone, pues, que la realidad está compuesta de casos idénticos, universales e inmutables. Por ello, dice Nietzsche, no pueden expresar la realidad de la vida que es sólo cambio, transformación, devenir. Son un falseamiento de la realidad porque "matan" la experiencia primera que los individuos tienen de la realidad y ponen en su lugar un material ajeno, extraño, a la vida misma.

Los conceptos más alejados de la vida han sido, precisamente, los "grandes" conceptos de la metafísica: "verdad", "bien", "ser", "yo"... Desde Sócrates y Platón han sido postulados como realidades auténticas y superiores, y erigidos como fetiches a adorar. En verdad no son más que MOMIAS, inventos inertes y vacíos de contenido.

En definitiva, el lenguaje conceptual es una construcción humana creada para poder comprender una realidad en perpetuo devenir que escapa a una aprehensión definitiva y única. Con sus categorías gramaticales, con sus conceptos, conlleva toda una metafísica implícita, todo un mundo de entes ficticios que han quedado erróneamente *adheridos*. La alternativa de Nietzsche es un lenguaje poético por el que cada individuo metaforiza de manera única esa realidad tal y como él la experimenta.

LÓGICA: La lógica es el instrumento de la RAZÓN y del conocimiento que elabora la experiencia fijándola en esquemas y fórmulas simplificadas, despojándola de toda singularidad, de todos los afectos, de todo sentir. Filtra y simplifica la realidad, suponiendo que hay casos idénticos, con objeto de hacerla comprensible y comunicable, desatendiendo la complejidad de aquélla. Para ello utiliza categorías lingüísticas como "causa", "sujeto", "ente", etc. que no tienen ningún correlato en la realidad. La ilusión de la lógica nos permite afrontar el mundo como si tuviera sentido. Se halla detrás del LENGUAJE conceptual por el que reducimos la gran variedad de percepciones a supuestas "cosas" estables, únicas, idénticas, siempre iguales. Pero lo que hace en realidad es falsificar la realidad.

MANÚ, LEY DE: Ley moral de la India, ejemplo de una de las morales del "mejoramiento", la de la cría. Ver CHANDALAS, CRÍA y MEJORA.

MEJORA, MEJORAMIENTO: El "mejoramiento" es el tema central del capítulo "Los «mejoradores» de la humanidad". Siempre aparece entre comillas advirtiendo con ello que su significado habitual esconde algo diferente. *"En todas las épocas se ha querido «mejorar» a los seres humanos: a esto sobre todo se lo ha llamado moral"*. Así pues, se trata del objetivo de transformar al ser humano, de cambiar su comportamiento a partir de unas reglas morales que, se supone, lo harán mejor. Pero todavía debemos aclarar qué significa exactamente, en qué consiste esa "mejora". Así, Nietzsche distingue dos tipos de mejora: *"Tanto a la* doma *de la bestia ser humano, como a la* cría *de un determinado género de ser humano, se las ha llamado «mejoramiento»"*. Nos remitimos, por tanto, a las voces DOMA y CRÍA.

MOMIA (CONCEPTOS-MOMIA, FILÓSOFOS-MOMIA): Momificar es interrumpir el proceso natural de corrupción de un cuerpo tras la muerte, detenerlo en su último estado de manera que pueda perdurar fijo e inmutable a lo largo de los siglos venideros e, incluso, para la eternidad.

El término metaforiza la postura de los filósofos a lo largo de la historia: han intentado detener, fijar, aprehender, el DEVENIR de la vida mediante sus conceptos metafísicos. No han sido capaces de aceptar que en la vida "todo fluye", que su esencia es el cambio, la muerte y la transformación, que los seres somos efímeros, que "nada permanece". Han odiado el devenir y, para contrarrestarlo, han creado ultramundos inmutables y eternos, han deshistorizado la experiencia de la realidad, la han matado, la han disecado. En ello ha tenido un papel importante el LENGUAJE conceptual, esa construcción humana que no puede expresar, por su carácter fijo, inmutable, universal, la realidad de la vida que es todo lo contrario: sólo cambio, transformación, devenir.

MORAL NATURAL vs. MORAL CONTRANATURAL: Para Nietzsche el único criterio válido para distinguir lo "bueno" de lo "malo" (así como lo verdadero de lo falso) es la vida misma: lo "bueno" y lo verdadero será lo que favorece la vida, su salud, su fortalecimiento, su intensificación. Por consiguiente, una **moral natural**, sana, será aquella que, en lugar de sentir nuestros impulsos como algo peligroso y que hay que reprimir, aprovecha su energía como fuente de salud y de creatividad, lo cual repercute en una existencia más plena y satisfactoria.

Por el contrario, la **moral contranatural** —la que ha dominado nuestra cultura— es aquella que ataca la vida y los impulsos que la potencian. La religión ha sido una de las principales responsables de esa represión de los INSTINTOS. Los ha vigilado y castigado sin tregua. Siempre se ha comportado como "enemiga de la vida" y ha puesto su ideal en el CASTRADO, en aquel que extirpa de su cuerpo cualquiera de los apetitos que impulsan lo más auténtico de nuestra vida.

El “reino de Dios” (del que emana la moral contranatural) y la vida (de la que fluye una moral sana) acaban siendo dos mundos absolutamente separados, contradictorios, imposibles de conciliar.

MUNDO VERDADERO vs. MUNDO APARENTE: Lo que para la mayoría de los filósofos ha sido el **mundo aparente**, falso y engañoso suministrado por los sentidos, constituye para Nietzsche el único mundo que hay, el del devenir, el del fluir constante de los acontecimientos, un mundo de rostros distintos en cada ocasión, incongruente a veces. La apariencia es una de las formas de ser de la realidad.

Por el contrario, lo que la historia de la filosofía (y el cristianismo) ha considerado como “**mundo verdadero”**, un mundo accesible y comprensible mediante la razón (o la fe), un mundo de entes fijos y eternos, no es para Nietzsche sino un mundo ficticio, un invento humano, mundos metafísicos, transmundos, falsas divinidades con las que el ser humano se ha autoengañado ante su incapacidad de soportar el devenir.

NIHILISMO: La cultura occidental está enferma y esa enfermedad es el nihilismo. La causa es el descubrimiento de que sus adorados ídolos —los grandes conceptos: “verdad”, “bien”, “RAZÓN”, “ser”, etc.— eran fetiches falsos. Ahora no puede creer en nada y camina sin rumbo hacia el vacío de sentido. Se ha dado cuenta de que estaba edificada sobre una ficción y ahora se desintegra, los grandes valores tradicionales pierden todo su valor y el pesimismo lo invade todo. Es el momento del “crepúsculo de todos esos ídolos” que nos han engañado y dominado.

Frente al nihilismo pasivo, ya instalado en la cultura europea, reacciona Nietzsche con un nihilismo activo. Habrá que acabar de derribar los viejos valores y luego superar todo nihilismo con la creación de otros nuevos desde el cuerpo y el instinto, para alcanzar un nuevo ser diferente al humano actual.

RAZÓN: Uno de los principales ídolos de nuestra cultura occidental, cuyo crepúsculo se adivina. Es la responsable del falseamiento del conocimiento, la principal manipuladora de nuestra experiencia de la realidad, la promotora de la gran mentira en la que se instaló nuestra filosofía, la gran enemiga de los instintos. Ha sido la creadora del transmundo metafísico y de sus categorías, la que desterró el saber narrativo de los mitos para imponer su discurso LÓGICO y conceptual, supuestamente la única vía de acceso a la verdad. Todo ello a cambio de reprimir la experiencia más original de la realidad, la que viene a través de nuestros sentidos, el cambio, el devenir. Y la que propuso un concepto de bien enfrentado a la vida.

RAZÓN = VIRTUD = FELICIDAD: Ecuación correspondiente al llamado intelectualismo ético socrático, que postula que sólo el conocimiento de lo que es el bien permite al individuo comportarse de manera buena. Dicho de otra manera, se identifica el bien con aquello que la razón determina y el mal con lo instintivo. Significa la imposición de una MORAL CONTRANATURAL, represora de los instintos, representada fundamentalmente por Sócrates y Platón (el cristianismo, con el mismo objetivo, sustituye razón por fe en la misma ecuación).

Para Nietzsche, por el contrario, la virtud tiene que ver con el despliegue "fecundo", creativo, de los instintos. Las ecuaciones nietzscheanas serían: razón y fe = enfermedad = decadencia; y virtud = salud = instintos.

SÍNTOMA: La creencia en entidades metafísicas como Dios, el Bien o la Justicia, o el establecimiento de juicios de valor sobre esos entes, son inventos humanos, absurdos, sinsentidos que no designan nada real, ficciones útiles, que pretenden ser impuestos por algunos individuos para tener ventajas en la lucha por la vida. No obstante son muy interesantes para un observador, para un psicólogo de nuestra cultura, pues son síntomas reveladores de la ENFERMEDAD de aquellos individuos y pueblos que los mantienen.

Por ejemplo, los juicios de valor contrarios a la vida son un síntoma de una determinada condición fisiológica enfermiza, de DECADENCIA, de debilidad, de cansancio vital, de impotencia ante el DEVENIR, de una VOLUNTAD DE PODER que no es capaz de crear por sí misma sus propios valores y de seguir sus INSTINTOS. De todo esto es síntoma la moral platónico-cristiana, enemiga de la vida, CASTRADORA y aniquiladora de los instintos humanos.

SUDRAS: La raza de sirvientes, la última de las castas de la sociedad india. Por debajo de ellos sólo están los CHANDALAS, pero ya fuera del sistema de castas, individuos sin ningún derecho y a los que la LEY DE MANÚ trata cruelmente con objeto de debilitarlos, de enfermarlos, para evitar que constituyan una amenaza para el sistema de castas.

SUPERFETACIÓN DE LO LÓGICO: Según el Diccionario de la RAE: "En una exposición oral o escrita, multiplicación de elementos innecesarios". Se trata, pues, del abuso de la LÓGICA en la interpretación del mundo. El resultado es una raquítica concepción del mismo, una perspectiva totalmente parcial (como todas) pero con el agravante de pretender ser la única verdadera y de condenar el resto de perspectivas. Es, según Nietzsche, otro de los indicios de la DECADENCIA de Sócrates.

VOLUNTAD DE PODER: Es la fuerza o instinto primordial característico de todo lo viviente que tiende necesariamente a exteriorizar su poder. Es algo vital, biológico, una energía que nos lleva a actuar con el fin de autoafirmarnos, una fuerza que nos lleva a crecer, a fortalecernos. Se manifiesta de maneras muy diferentes: el instinto de crueldad, el deseo de dominar, el deseo de superarse, el deseo de ser dueño del propio destino, las creaciones culturales humanas: arte, religiones, morales, valores, etc. Es inconsciente, irreflexiva, cambiante, libre, creativa, un impulso que forma parte de la fisiología humana y que empuja al individuo a actuar en sentido autoafirmativo. Configura todas las otras pasiones y determina a la razón. Razón y pensamiento son sus instrumentos, SÍNTOMAS de su valor fisiológico: los argumentos racionales que defendemos sólo indican la cantidad de potencia de un organismo humano. Según sea nuestra voluntad de poder así será nuestra forma de argumentar.

ZARATUSTRA: Es el filósofo protagonista de su obra *Así habló Zaratustra*, el Mesías que anuncia la llegada del nuevo humano, el superhombre, el creador de valores capaz de superar el NIHILISMO en el que se ha instalado nuestra cultura.

ÍNDICE DE NOMBRES

SÓCRATES: Ya en Sócrates (470 a.C.-399 a.C.), maestro de Platón, encuentra Nietzsche algunas de las mayores mentiras que han configurado la filosofía occidental: el inicio de la suplantación de los instintos por la lógica y la razón.

En primer lugar, Sócrates defiende que **la verdad y los valores morales son algo definitivo, universal y absoluto**, en contra del relativismo y el subjetivismo de los sofistas. Para Sócrates el bien, la justicia, la belleza... no son algo relativo a cada persona, a cada pueblo o a cada época histórica sino verdades absolutas, objetivas y universales, que pueden ser descubiertas mediante la razón y la dialéctica. Para Nietzsche no existe la verdad sino verdades individuales para cada persona y para cada momento, modos diferentes de experimentar la realidad, y todos válidos.

Para investigar esa verdad, Sócrates defiende un método de investigación: la **dialéctica.** Es un proceso basado en el diálogo, en el arte de argumentar, de razonar, en la lógica, por tanto. Según Nietzsche, es una de las principales armas que han contribuido al triunfo de la plebe, del rebaño, frente a los mejores, los nobles, fuertes y poderosos. Mediante la dialéctica se pretende llegar a **definiciones universales** de cada una de aquellas verdades —y de aquellos valores— que expresan la esencia permanente de la realidad investigada. Para Nietzsche esto significa eliminar la singularidad de las cosas y de la experiencia de la realidad, el comienzo de la sustitución del mundo inmediato de los sentidos por un mundo de esencias universales. Sócrates pretende convertir el mundo en algo lógico, cuando el mundo es contradictorio. Y defiende una única interpretación válida de la realidad, negando el perspectivismo, la coexistencia de múltiples interpretaciones.

Además, Sócrates propone el **intelectualismo moral**: la virtud consiste en el conocimiento de qué es el bien, la justicia, etc. La moral se aleja, pues, de los instintos (moral natural) y se instala en la razón (moral contranatural), rematando así la postura antivitalista. Según Nietzsche Sócrates es un resentido de la vida. La causa: su inexistente fuerza vital, su fisiología enfermiza, su carencia de voluntad de poder, todo lo cual le impide experimentar la vida intensamente.

PLATÓN: Según Nietzsche, Platón instaura definitivamente la gran mentira de la cultura occidental: la creación de un transmundo, de un más allá, alejado de lo que experimentamos a través de nuestro cuerpo. Y no se limita a postularlo sino que lo erige como el único, despreciando y reprimiendo todo aquello relacionado con el devenir de la vida, con nuestra experiencia original de la realidad, con nuestros sentidos, nuestras pasiones, nuestros instintos.

Platón defiende la existencia de **dos tipos de realidad**: el mundo inteligible y el mundo sensible. El primero es el mundo donde se hallan las Ideas, la auténtica realidad que es inmaterial, inmutable y eterna. Estas entidades son modelos que la realidad sensible imita. El mundo sensible es mera copia imperfecta, y está absolutamente desvalorizado. Para Nietzsche, por el contrario, las Ideas son ídolos de barro, ficciones de un transmundo imaginario inventadas por los débiles, la gran mentira de la historia de nuestra cultura occidental. Sólo existe el mundo "de aquí", el mundo material y sensible que experimentamos a través de nuestro cuerpo.

Según Platón podemos conocer las Ideas, el mundo verdadero, el mundo valioso, si nos desligamos de lo que nos enseñan nuestros sentidos. La facultad que nos llevará al conocimiento de las Ideas, de la verdad, es la razón. Así, pues, distingue también entre **dos tipos de conocimiento**: el conocimiento sensible, que sólo nos muestra una apariencia de realidad, y el inteligible, que nos muestra la auténtica realidad. Para Nietzsche, sin embargo, los sentidos son la única vía para experimentar la realidad, experiencia que será única para cada persona y para cada momento. Cualquier conocimiento es, así, sólo una perspectiva más.

El **Bien**, como Idea suprema en el mundo inteligible platónico, puede ser conocido a través de una educación especial y del estudio de la dialéctica. Es, por consiguiente, un concepto objetivo descubierto sólo por la razón y que se opone precisamente a lo que demandan los instintos e impulsos de nuestro cuerpo. Para Nietzsche toda moral que surge de la razón es una moral contranatural. Frente a ella, la moral natural viene dictada por la vida misma: es bueno aquello que favorece su desarrollo, su potenciación. Esto significa que esos instintos e impulsos de nuestro cuerpo son la energía que nos lleva a lo bueno, que nos instala en la salud, que nos permite una vida satisfactoria.

Por último, Platón propone un individuo que adquiere su sentido en su pertenencia a la polis. Es un **ciudadano** que ha de cumplir la función para la que está predeterminado como miembro de esa sociedad: unos han nacido para gobernantes, otros para guerreros y otros para producir. Lo importante es la armonía del Estado, prevalece el bien del Estado sobre el del individuo.

Nietzsche detesta el rebaño, la masa de cualquier índole, sea cristiana o proletaria. Su camino es absolutamente individual. Su jerarquía no es social sino personal: hay individuos mejores que otros, y estos son los que valen la pena.

HERÁCLITO: Uno de los filósofos presocráticos, de carácter solitario y enemigo del rebaño, fue conocido como "el oscuro" por su estilo más próximo al oráculo. La historia de la filosofía ha considerado a Heráclito como el filósofo del devenir o del cambio frente a Parménides, el filósofo del ser o de la inmovilidad. Su pensamiento se resume en dos conocidas frases: "todo fluye, nada permanece quieto" y "nadie puede sumergirse dos veces en el mismo río". Así pues, postula el cambio perpetuo en la realidad. Junto a esta tesis, afirma que la realidad está compuesta por la oposición de contrarios, por el conflicto. Pero detrás de esas oposiciones encontramos un orden, un *logos*. Todo fluye y cambia pero no de cualquier modo. Podemos pensar en el fuego, que cambia a cada décima de segundo pero es permanente y estable.

Nietzsche respeta a Heráclito, como vimos en nuestro texto, por reivindicar el devenir de la realidad y oponerse al resto de filósofos presocráticos, quienes rechazaban la multiplicidad que nos muestran los sentidos. Aunque no está de acuerdo del todo con él: Heráclito —nos dice Nietzsche— también rechaza el testimonio de los sentidos, pero por falsear la realidad mostrándonosla como dotada de permanencia y unidad.

Para Nietzsche los sentidos no mienten, nos muestran la única realidad, esa que se transforma continuamente, que es diferente cada vez que la experimentamos, que aparece, cambia, perece. La mentira aparece cuando la razón entra en acción e interpreta el testimonio de aquéllos. Entonces cree ver claramente unidad en las cosas, sustancias que permanecen inmóviles, entes fijos, etc.

De cualquier manera, Nietzsche valora el rechazo de Heráclito a ese ser uno, eterno e inmutable que postuló, entre otros, Parménides.

DEMÓCRITO: Filósofo presocrático que dio una explicación materialista de la realidad. Ésta se compone de dos elementos: los átomos y el vacío. Los átomos son materiales, eternos e infinitos y se mueven constante y mecánicamente en el vacío conformando los diferentes seres tanto materiales como inmateriales (por ejemplo, el alma). En el vacío se producen, pues, los cambios; no es una simple nada.

De esta manera, Demócrito representa una síntesis de las posiciones de Heráclito y Parménides. Los átomos constituyen el ser de las cosas pero, a la vez, están en permanente movimiento. Podemos entender el ser sin considerar irracional el cambio.

Nietzsche valora en principio el materialismo de Demócrito, pero cree que ha caído en las redes del ser de los eleatas. Es verdad que el átomo, como fundamento último de la realidad, se aleja enormemente de los planteamientos metafísicos de Parménides por ser material. Pero no deja de ser un concepto abstracto y universal que pretende designar una sustancia fija e inmutable. Recordemos que Nietzsche alude a Demócrito en un aforismo en el que está denunciando el fetichismo del lenguaje: los conceptos fijan una realidad pretendidamente estable y nos hacen creer en la verdad de la misma, olvidando que sólo hay devenir, cambio, experiencias diversas en cada momento, perspectivas. Así, pues, el átomo de Demócrito es una nueva propuesta de la razón: un ente inmutable y fijo, como el resto de las propuestas metafísicas que niegan la riqueza, la pluralidad, el caos, la contradicción, en las que se muestra el mundo.

KANT: Filósofo alemán del siglo XVIII que analiza el conocimiento, ese proceso por el cual un sujeto aprehende un objeto. La conclusión es que el entendimiento no es una facultad pasiva que se limita a recoger los datos procedentes de los objetos, sino que configura la realidad conocida. Esto implica que nunca podemos conocer el objeto tal cual es, la cosa en sí, la realidad pura.

En todo proceso de conocimiento el sujeto cognoscente aporta necesariamente "algo". Ese "algo" son, en primera instancia, las formas puras de la sensibilidad, el *espacio* y el *tiempo*, que son añadidas al material informe que nos llega por los sentidos. Son independientes de la experiencia, la preceden y la hacen posible. Así tenemos una intuición sensible de las cosas en forma de *fenómeno*. En un segundo momento, el sujeto proyecta otras formas puras a priori, esta vez del entendimiento, las *categorías*, sobre los fenómenos. De esta manera los ordena según el criterio de cantidad (unidad, pluralidad...), de cualidad (negación, limitación...), relación (causalidad, sustancia...) o modalidad (existencia, posibilidad...). Estas categorías son los "moldes" que permiten entender la realidad. Por sí solas no aportan conocimiento; son más bien la forma a priori de todo conocimiento conceptual, el cual se produce únicamente cuando son aplicadas a los fenómenos.

En resumen, el conocimiento es una síntesis de lo que aporta el sujeto y lo que proviene de la realidad exterior. Lo que implica que en todo conocimiento hay un elemento subjetivo o, lo que es lo mismo, que nunca conoceremos la realidad en sí, lo que Kant llama el *noúmeno*, que queda fuera de nuestras posibilidades. El único conocimiento posible es el de la realidad como *fenómeno*, el cual será objetivo dado que todos los humanos compartimos una misma facultad de conocimiento, esto es, las mismas formas puras a priori, que proyectamos sobre el material de los sentidos. El fenómeno, por tanto, puede considerarse otra versión del "mundo verdadero" platónico, por ser determinado por la razón, ser objetivo y universal.

En realidad, Kant opone un "mundo verdadero" (el fenómeno) a otro "mundo verdadero" (el noúmeno). Continuamos, pues, instalados en la mentira iniciada con Sócrates y Platón, que ha determinado la historia de nuestra cultura.

Por otra parte, Kant sigue postulando desde otro uso de la razón, desde la razón práctica, la existencia de entidades metafísicas, tales como Dios o el alma, que, además, son las que rigen el comportamiento de los seres humanos en forma de obligaciones, de imperativos morales. Para Nietzsche esto significa consolidar la metafísica, ese mundo inmaterial de seres ficticios inventado para la supervivencia de aquellos seres humanos fisiológicamente incapaces de afrontar el devenir de la vida. Mundo que pretende ser el único verdadero y el que impone ciertas condiciones de vida que atentan contra los espíritus más fuertes y vitales, aquellos que crean sus propios valores, que no se dejan dominar por doctrinas opuestas a la vida y a los instintos.

POSITIVISMO: Corriente filosófica del s. XIX que defiende que el único conocimiento posible es aquel que procede de los sentidos y sigue el método científico. Rechaza, pues, la creencia en cualquier realidad metafísica. Para el positivismo, la historia del pensamiento ha transcurrido por tres etapas: en la primera los humanos explicaron la realidad a partir del *mito*, esa narración fantástica llena de seres divinos que, mediante fuerzas mágicas crean y dominan el mundo. En la segunda, la *filosofía* se impone como modo explicativo. La razón sustituye a la imaginación y los argumentos a lo inverificable, pero seguimos instalados en ultramundos inmateriales que no pueden ser percibidos ni demostrados empíricamente. La última etapa la protagoniza la *ciencia*. El método científico permite tener un conocimiento cierto de las únicas verdades posibles, las experimentables empíricamente y susceptibles de ser expresadas matemáticamente.

A primera vista, el positivismo rechaza el "mundo verdadero" transmundano, metafísico y moral que ha coronado de una u otra manera toda la historia de la filosofía y se acerca a lo sensible, a lo que puede ser percibido y demostrado. Sin embargo Nietzsche tampoco acepta esta propuesta filosófica cientificista, pues sigue siendo "inalcanzable". La ciencia nos describe también un "mundo verdadero" en forma de **leyes universales y necesarias**, que no son sino otra construcción de la razón para hacernos comprensible la realidad. En la naturaleza no existen leyes ni teorías ni conceptos como el de fuerza, energía o masa. Para Nietzsche, el "mundo verdadero" de la ciencia es otra ficción más de la razón que interpreta, fija y hace estable aquello que sólo es cambio y devenir.

SCHOPENHAUER: Remitimos a las páginas 11 y 12 donde hemos expuesto algunas características de la filosofía de Schopenhauer relevantes para comprender la postura de Nietzsche hacia este pensador.

BIBLIOGRAFÍA

— ÁVILA, R. *Identidad y tragedia. Nietzsche y la fragmentación del sujeto*. Crítica, Barcelona 1999.
— BARRIOS, M., *La voluntad de poder como amor*. Ediciones del Serbal, Barcelona 1990.
— CHAMBERLAN, L., *Nietzsche en Turín*. Gedisa, Barcelona 1998.
— CONILL, J., *El crepúsculo de la metafísica*. Anthropos, Barcelona 1988.
— CONILL, J., *Nietzsche y la política de la transvaloración*. Tecnos, Madrid 2001.
— DESIATO, M., *Nietzsche, crítico de la posmodernidad*. Monte Ávila, Caracas 1996.
— FINK, E., *La filosofía de Nietzsche*. Alianza Universidad, Madrid 1980.
— FOUCAULT, M., *Nietzsche, la genealogía, la historia*. La piqueta, Madrid 1980.
— FOUCAULT, M., *Nietzsche, Freud, Marx*. Anagrama, Barcelona 1970.
— IZQUIERDO, A., *Friedrich Nietzsche*. Edaf Ensayos, Madrid 2001.
— JIMÉNEZ MORENO, L., *El pensamiento de Nietzsche*. Ediciones pedagógicas, DIP. Madrid 1994.
— KOUBA, P., *El mundo según Nietzsche*. Herder, Barcelona 2009.
— LARRAURI, M., *La potencia según Nietzsche*. Tándem, Valencia 2005.
— LEFEBVRE, H., *Nietzsche*. Fondo de Cultura Económica, México 1975.
— LUCKAS, G., *El asalto a la razón*. Grijalbo, Barcelona 1967.
— LYNCH, E., *Dioniso dormido sobre un tigre. A través de Nietzsche y su teoría del lenguaje*. Destino, Barcelona 1993.
— LLINARES, J.B. y MELÉNDEZ, G. (edición y traducción), *Nietzsche*, Textos cardinales. Península, Barcelona 1988.
— ONFRAY, M., *La inocencia del devenir*. Gedisa, Barcelona 2009.
— SAFRANSKI, R., *Nietzsche. Biografía de su pensamiento*. Tusquets, Barcelona 2001.
— VALVERDE, J.M., *Nietzsche, de filólogo a Anticristo*. Planeta, Barcelona 1994.
— VATTIMO, G., *Introducción a Nietzsche*. Península, Barcelona 1990.
— VATTIMO, G., *Ética de la interpretación*. Paidós, Barcelona 1991.
— VV.AA., "Er. Revista de Filosofía" nº 14. Monográfico dedicado a Nietzsche, Sevilla 1992.
— VV.AA., *Nietzsche bifronte*. Biblioteca nueva, Madrid 2005.

Obras de Nietzsche citadas en el libro

— *Así habló Zaratustra*, Alianza, Madrid 2006. (Trad. de Andrés Sánchez Pascual).
— *Humano, demasiado humano*, II vol. Akal, Madrid 1996. (Trad. de Alfredo Brotons Muñoz).
— *Más allá del bien y del mal,* Alianza, Madrid 2005. (Trad. de Andrés Sánchez Pascual).
— *El Anticristo*, Alianza, Madrid 2006. (Trad. de Andrés Sánchez Pascual).
— *La gaya ciencia*, Akal, Madrid 2001. (Trad. de Charo Greco y Ger Groot).
— *Aurora*, Biblioteca Nueva, Madrid 2000. (Trad. de Germán Cano).
— *Ecce Homo*, Alianza, Madrid 1982. (Trad. de Andrés Sánchez Pascual).
— *La genealogía de la moral*, Alianza, Madrid 1979. (Trad. de Andrés Sánchez Pascual).
— *Fragmentos póstumos*. Vol. IV. Tecnos, Madrid 2008. (Trad. de Joan B. Llinares y Juan Luis Vermal).
— *Crepúsculo de los ídolos*. Alianza, Madrid 1998. (Trad. de Andrés Sánchez Pascual).